世界五千年
科技故事丛书

卢嘉锡题

世界五千年科技故事丛书

洲际航行第一人

郑和的故事

丛书主编　管成学　赵骥民

编著　王昭华　王战林

吉林出版集团｜吉林科学技术出版社

图书在版编目（CIP）数据

洲际航行第一人：郑和的故事 / 管成学，赵骥民主编.
-- 长春：吉林科学技术出版社，2012.10（2022.1 重印）
ISBN 978-7-5384-6137-4

Ⅰ.① 洲… Ⅱ.① 管… ② 赵… Ⅲ.① 郑和（1371～1435）
－生平事迹－通俗读物 Ⅳ.① K825.89-49

中国版本图书馆CIP数据核字（2012）第156285号

洲际航行第一人：郑和的故事

主　　编　管成学　赵骥民
出 版 人　宛　霞
选题策划　张瑛琳
责任编辑　张胜利
封面设计　新华智品
制　　版　长春美印图文设计有限公司
开　　本　640mm×960mm　1 / 16
字　　数　100千字
印　　张　7.5
版　　次　2012年10月第1版
印　　次　2022年1月第5次印刷

出　　版　吉林出版集团
　　　　　吉林科学技术出版社
发　　行　吉林科学技术出版社
地　　址　长春市净月区福祉大路 5788 号
邮　　编　130118
发行部电话 / 传真　0431-81629529　81629530　81629531
　　　　　　　　　　81629532　81629533　81629534
储运部电话　0431-86059116
编辑部电话　0431-81629518
网　　址　www.jlstp.net
印　　刷　北京一鑫印务有限责任公司

书　　号　ISBN 978-7-5384-6137-4
定　　价　33.00元

序 言

十一届全国人大副委员长、中国科学院前院长、两院院士

路甬祥

　　放眼21世纪，科学技术将以无法想象的速度迅猛发展，知识经济将全面崛起，国际竞争与合作将出现前所未有的激烈和广泛局面。在严峻的挑战面前，中华民族靠什么屹立于世界民族之林？靠人才，靠德、智、体、能、美全面发展的一代新人。今天的中小学生届时将要肩负起民族强盛的历史使命。为此，我们的知识界、出版界都应责无旁贷地多为他们提供丰富的精神养料。现在，一套大型的向广大青少年传播世界科学技术史知识的科普读物《世

界五千年科技故事丛书》出版面世了。

由中国科学院自然科学研究所、清华大学科技史暨古文献研究所、中国中医研究院医史文献研究所和温州师范学院、吉林省科普作家协会的同志们共同撰写的这套丛书，以世界五千年科学技术史为经，以各时代杰出的科技精英的科技创新活动作纬，勾画了世界科技发展的生动图景。作者着力于科学性与可读性相结合，思想性与趣味性相结合，历史性与时代性相结合，通过故事来讲述科学发现的真实历史条件和科学工作的艰苦性。本书中介绍了科学家们独立思考、敢于怀疑、勇于创新、百折不挠、求真务实的科学精神和他们在工作生活中宝贵的协作、友爱、宽容的人文精神。使青少年读者从科学家的故事中感受科学大师们的智慧、科学的思维方法和实验方法，受到有益的思想启迪。从有关人类重大科技活动的故事中，引起对人类社会发展重大问题的密切关注，全面地理解科学，树立正确的科学观，在知识经济时代理智地对待科学、对待社会、对待人生。阅读这套丛书是对课本的很好补充，是进行素质教育的理想读物。

读史使人明智。在历史的长河中，中华民族曾经创造了灿烂的科技文明，明代以前我国的科技一直处于世界领先地位，涌现出张衡、张仲景、祖冲之、僧一行、沈括、郭守敬、李时珍、徐光启、宋应星这样一批具有世界影响的科学家，而在近现代，中国具有世界级影响的科学家并不多，与我们这个有着13亿人口的泱泱大国并不相称，与世界先进科技水平相比较，在总体上我国的科技水平还存在着较大差距。当今世界各国都把科学技术视为推动社会发展的巨大动力，把培养科技创新人才当做提高创新能力的战略方针。我国也不失时机地确立了科技兴国战略，确立了全面实施素质教育，提高全民素质，培养适应21世纪需要的创新人才的战略决策。党的十六大又提出要形成全民学习、终身学习的学习型社会，形成比较完善的科技和文化创新体系。要全面建设小康社会，加快推进社会主义现代化建设，我们需要一代具有创新精神的人才，需要更多更伟大的科学家和工程技术人才。我真诚地希望这套丛书能激发青少年爱祖国、爱科学的热情，树立起献身科技事业的信念，努力拼搏，勇攀高峰，争当新世纪的优秀科技创新人才。

目 录

目　录

纸船儿漂向大海

明朝洪武十一年（1378），云南昆阳州宝山乡和代村（今昆明市晋宁县内）。

今晚，夕阳的余晖淡淡地洒在山坡上。坡下是一个回族人聚居的村落，笼罩在一片祥和宁静之中。缕缕炊烟袅袅地飘散在空中，牧童的笛声与牛羊的叫声回荡在山谷中……

暮霭中，一个七八岁的男孩正挥舞着小镰刀，在山坡上割草。

突然，远远地跑来一个小孩，边跑边气喘吁吁地喊着。

"三保，你爸爸回来了，你妈让你快回去呢！"

这个被称作三保的孩子一听，立刻高兴得跳了起来。他答应了一声，连割下的草都顾不上拿，撒腿就往山下跑去。

等男孩跑回了家，屋里院外已经挤满了人。这像是这个村落里的望族。男主人姓马，其远祖是西域普化力国王索菲尔。大约在宋神宗熙宁三年（1070），因受邻国侵略，索菲尔国王率领部众归附为宋朝臣民。后来辅佐朝政，建有功勋，受官封爵。其后裔赛典赤赡思丁在元世祖忽必烈时，受命驻镇咸阳，为都招讨大元帅，授上柱国左丞相，后被封为咸阳王。元世祖忽必烈即位后，拜赛典赤赡思丁为平章政事，行省云南。赛典赤赡思丁治理云南时政绩显著，深得民心，死时百姓哭声震野。此后，赛典赤赡思丁后世子孙留居云南，承袭官爵。这个叫三保的男孩子就是咸阳王赛典赤赡思丁的六世孙，他的祖父、父亲都是世袭的滇阳侯。

三保的父亲为人耿直，乐善好施，常常周济村里贫困人家和鳏寡无依的人，而且论事公正，在乡亲们中间享有很高的威望，被推举为一村之长。

和代村的村民都是虔诚的伊斯兰教徒。伊斯兰教的圣地天方（今沙特阿拉伯麦加）是每个人心中的天堂，他们都渴望能亲自到天方去朝圣。但对大多数人来说，这只不过是一个美丽的梦想。所以，当人们听说三保的父亲从天方朝圣回来了，都纷纷赶来。乡亲们围着三保的父亲问长问短。

三保的父亲长得魁岸奇伟，仪表威严。虽然他神态疲惫，满身灰尘，但两眼却放出智慧的光芒，保持着朝圣回来的人所特有的神采，令人肃然起敬，心生敬畏。

三保一见父亲，一头扑过去，大声喊道：

"爸爸，您终于回来啦！"

"三保！"

父子俩紧紧地拥抱在一起……

夜深了，马家的屋子里燃起了许多支蜡烛，把屋里照得通亮。人们散坐在地上，静静地听三保的父亲——人们尊称他为马哈只（"哈只"为阿拉伯语，意为"巡礼人"，凡是到过圣地天方朝圣的人，都称为"哈只"）讲述朝圣的神奇经历：

"自从离开家，我们先走陆路，翻过好几座荒无人烟的大山。从思茅（今普洱县），进入缅甸，带的干粮吃完了，就摘野果野菜充饥，实在没吃的了，就到路过的村落里乞食。那里有许多回回人，他们不仅给吃的，还帮助我们找来了船。我们从伊洛瓦底江乘船东下，一直航行到大光（今仰光）。后来就走海路，乘着小木舟，先到了婆罗的嘎尔格达（与印度加尔各答），又换了大船绕到了锡兰国（今斯里兰卡），再横渡阿拉伯海，进入阿丹（今亚丁），最后渡过红海，终于到了天方。那真是神圣的天堂！那里的清真寺雄伟壮丽，都是用各色彩石砌成的，寺里面金碧辉煌，去朝拜的人都是一步一磕头……啊，那情景真是终生难忘啊！"

三保睁大眼镜，懂事地问：

"爸爸，您走了那么多地方，在路上有没有遇到危险？我和阿妈天天为您担心呢！'"

"怎么没有！孩子，一路上充满了数不尽的艰难。一次，我们在海上遇上了台风，小船被大浪打碎了，我们都掉到了海里。我在海里游啊游，后来筋疲力尽了，昏了过去，被冲到了沙滩上。一个好心的渔民救了我，并在那儿养好身体。唉，要是有一只大船就好了！还有一次，遇上了凶恶的海盗，幸亏我急中生智，才免遭一死。在过原始大森林时，我们迷了路，碰到过毒蛇，遇见过猛兽，被厉害的毒蚊子叮得浑身肿起大包……现在回想起来，真是千难万险哪！可这些都被我们战胜了。也许这是安拉神对每个朝圣者的考验吧。记住，孩子，以后不管你干什么，都必须有这种不畏艰险的精神和坚韧不拔的毅力，否则，你就会一事无成！"

三保不停地点头，趴在爸爸的膝盖上，聆听父亲讲述他神话般的朝圣历险记。

夜很深了，人们渐渐散去了。马哈只也像经过长途跋涉而疲惫不堪的旅行家那样，一旦回到了家，不再担心衣食，不再防范海盗，便安心地甜甜地进入了梦乡。可是，小三保却怎么也睡不着，满脑子都是父亲讲述的神奇而又艰险的故事。多么富有刺激性的事情，多么令人神往的地方！什么时候，自己也能像父亲一样，到外面去见见世面呢？他又想起了父亲那段意味深长的话，便暗暗下定了决心：有朝一日，我也要像爸爸一样，到天方去，到那神话般的世界中去!

父亲的经历深深地鼓舞着三保。从此，只要一有空闲，他就翻着父亲带回来的书籍。其中有天文的、地理的、医学的等等，这些书中有许多是用阿拉伯文写成的，三保看不懂，就跟着父亲学习阿拉伯文。三保天性聪敏，又勤奋好学，很快他就能看懂了。他如饥似渴地读下去，这些外国书在他眼前展现出一个个既陌生又新奇的世界。每读完一本，他就在脑中描绘出一幅异国风情的图画，仿佛自己已经到过那里一般。

几年过去了，三保已经看遍了所有能找到的书籍，他变得满腹经纶，在乡邻中小有名气了。

这天，三保拿着自己精心叠成的一大堆纸船，跑到村外的小河旁。这些小船都是他根据书上的描写，自己设计制作出来的。有战舰、有小木舟、有小帆船……，他把小船一个个放到水中，船儿顺着小河向西飘去，慢慢地看不见了。三保的心也随之飞向了远方，飞过了大海。他跪在河边，默默地祈祷着：

"神圣万能的安拉神，请保佑我吧！我也要像这些小船一样，从这里走出去，去看看大海！"

蒲公英飞走了

　　三月的云南早已是鲜花盛开，春意盎然了。三月的昆阳州沐浴在一片和煦温柔的春风中，河水欢快地唱着歌，红的杜鹃、粉的山茶、白的梨花……把群山装扮得五彩缤纷。

　　和代村的老老少少，像往常一样，都在忙着做农活儿。山坡上，田地里，到处都是人。三保家也不例外，虽然他家雇有佣人，但马哈只家教甚严，规定家里人也要会干农活儿。三保和哥哥一起，随大家来到田里，施肥、撒种，样样都跟着干，不仅如此，父亲处理家事、公事，也都让三保和哥哥看着，让他们从小就学会各种本领，是做父亲的心愿。

这天，三保随家人干完活儿，歇息的时候，他连跑带颠儿地爬上山去。他折了一个小树枝，把树皮剥下来，放在嘴里吹着，叫声惊飞了一棵大树上的鸟儿。三保抬头一看，树杈上有一个鸟窝！三保乐了，往手心吐了口唾沫，三下两下爬上去，伸手一摸，嘿！真有两只小鸟。小鸟刚生出一点儿小翅膀，还不会飞呢。小鸟吓得吱吱叫唤，三保把鸟儿放在手心上，摸着小鸟绒乎乎的身子说：

"小鸟儿，别怕，我不会欺侮你的。"

鸟妈妈见有人抓它的孩子，急得吱吱尖叫，围着树打转儿。

三保抬头看看鸟妈妈，突然发现通向村子的路上尘土飞扬，好像有许多人骑着马往这儿来。三保心想：

"准是有什么急事吧？"

他急忙把小鸟放回巢中，抱着树干滑下来，拔腿就往山下跑去。

等三保跑到自己家地里时，家里人一个儿也不见了。附近田里的乡亲也都跑进了村。三保听见村头乱成一片，人喊马叫、鸡飞狗跑，知道不好，就从村后的小路往家跑去。

村里年轻的都拿上武器到村头去了，老的小的都往山上跑。三保惦记着妈妈，逆着人流一直跑到家里，家里已空无一人。三保又跑到隔壁大爹家，屋里也没人。三保顺手拿起一把铁叉，转身往外跑去，一头撞在一个人身上，抬头一看，正是大爹。

"三保，我正找你，快到后山上藏起来吧！"

"大爹，我爸爸呢？"

"你爸正带着大家打仗呢。看样子顶不了多长时间，你快走吧！"

三保听了，抬腿就往外走，边走边说：

"我要去帮爸爸打仗！"

"三保！"大爹一把拉住他，不让他去。

"大爹，是什么人来打我们？"

大爹说：

"是明朝皇帝朱元璋派来的。"

原来，这时期明朝开国皇帝朱元璋削平群雄，打败了元朝，得了天下，当上了皇帝。但云南仍处在元朝残余势力梁王统治之下。早在洪武五年（1372）正月，朱元璋就派翰林院待制王祎前往云南诏降梁王，遭到拒绝。王祎被软禁，于洪武六年（1373）十二月被杀害。洪武七年（1374）八月，朱元璋又遣元戚顺王子伯伯持诏至云南诏谕梁王，仍无结果。洪武八年（1375）九月，朱元璋因为云南一直未降服，再遣湖广行省参政吴云前往诏谕。吴云到云南后，又被梁王手下铁知院所杀。朱元璋大怒，决定兴兵，以武力平定云南。于是在洪武十四年（1381）九月，命颍川侯傅友德为征南将军，永昌侯蓝玉、西平侯沐英为左右副将军，率步骑三十万进征云南。洪武十五年（1382）三月，终于打到了三保生活的和代村。

这些事，三保听父亲说过，因为父亲是梁王所封的滇阳侯。三保担心父亲被抓，不顾大爹的拦阻，一定要去找爸爸。

三保跑出去，高声对大爹说：

"你快藏起来吧！"

说完，就跑没影了。

出了大爹家，三保机警地左右看看，见没什么情况，就往村头的坝子跑，他知道爸爸一定在那儿。

刚跑了不远，就见前面有几个裹着头巾、身着铠甲、手拿长枪的人，三保一看，急忙藏到一个柴垛后面。这几个人也走进院子，东翻西挑。三保乘他们不注意，悄悄绕到后边，一点点往外走。谁知只顾往后看，一下子把立在墙角的铁锹碰倒了。那几个士兵闻声跑了过来，一把抓住了三保。

三保被带到了一个大房子中，屋里已经有不少被抓来的乡亲。三保找了找，没见到父亲。乡亲们告诉他：他父亲领着大家拼命抵挡了一阵。终因寡不敌众，打败了。可能被明军抓走了，也可能死了。三保的眼泪刷刷地流下来，他恨自己不能救爸爸，他在心中盘算着，怎样能逃出去，再去找爸爸。

在这里被关了几天，三保一点儿办法都没有，也得不到父亲的音讯。一天，来了个当官模样的人，对三保他们说：

"梁王被我们消灭了，以后你们都是大明皇帝的臣民了。只要你们归顺，就放你们回家。"

接着，这个人又指挥手下人，把关在这里的十几岁的孩子挑选一些，让这些孩子跟他走。

三保也被挑了出来，这时他大声喊着：

"我要找我爸爸、妈妈！"

可是，那些兵根本不理睬他，他们用绳子把三保和其他孩子一个串一个连在一起，押在队伍后边，离开了和代村。

三保跟跄地走着，心中惦念着爸爸、妈妈，眼泪顺着面颊流了下来，掉在长满蒲公英的小路上。春天的蒲公英正抽着花茎，开着黄色小花。三保不由地想到：到了秋天，果实成熟了，蒲公英的白色绒球就会随风飘散，飞到哪里就在哪里安家。如今，自己也像蒲公英一样，不知要被带到哪里……

这一年，三保才十二岁。从此，他就如飞散的蒲公英一样，再也没见过父亲，也再没回到过家乡……

流血的心

三保他们走啊走，也不知走了多久，走到了哪里。这些孩子从没走过这么远的路，而且有时还要挨打受骂。有的孩子半路死了，有的病倒了。三保心中藏满了悲痛，但他顽强地活着。他虽然不知要被带到哪里，但他知道是往北走。

这天，到了一个繁华的城市，大队人马停了下来。原来，是到了明军的大本营——都城南京（应天府）。

三保他们被带到一个宽敞的屋子里，有人给他们端来好多吃的东西。这些孩子又累又饿，狼吞虎咽地吃了起来。吃完了饭，还让他们痛快地洗了个热水澡，换上了新发的衣服，真是舒服极了，孩子们高兴得如同小鸟一般，叽叽喳喳地议论着都城的一切。

三保趴在窗前，望着天空中自由自在的小鸟出神。连日的疲劳袭了上来，三保不知不觉进入了梦乡。

三保梦见自己回到了家乡，找到了父亲、母亲，正在高兴的时候，明军突然追来了。一个大兵抓住三保，拿起刀就向他砍下去……

三保痛得尖叫一声，猛然醒来。可是自己却动弹不了，手和脚都被紧紧地绑在凳子上。三保懵懵懂懂，不知是在梦中还是在现实中。他尝试动动身子，一阵剧痛袭来，这不是梦，是真的痛，是切切实实的痛！而且不仅仅是身体的痛，更难以忍受的是心中的痛！三保和他的小伙伴们被阉割了。三保感到极大的耻辱！他拼命挣扎，不由地又昏了过去……

原来，在明朝初年对元军的战斗中，流传着这样的风俗：战胜的一方抓住战败方的幼童，阉割后带回去做奴隶使唤。三保不幸就成了这样的牺牲品。

小荷初露尖尖角

　　三保被进征云南的傅友德军队带到了明朝国都南京，成了一个小奴隶，分在傅友德的司令部，干些烧水、上茶、打扫房间的活儿。从此，他就跟着傅友德的大军开始转战南北。

　　洪武十八年（1385）八月，明朝皇帝朱元璋命令宋国公冯胜、颍国公傅友德、永昌侯蓝玉统率大军备边北平（今北京），三保也随之到了北平。

　　傅友德是个骁勇善战的将领，在历次战斗中不仅身先士卒，冲锋陷阵，而且足智多谋，用兵出奇制胜。

有时敌军数倍于他，他却沉着冷静，设伏诱敌，以少胜多。三保随侍在他左右，十分敬佩。于是，傅友德每次研究战略，他都悉心倾听，耳濡目染，渐有所得。加之三保从小就读过一些兵法的书，天性又聪明，不知不觉中，三保学会了许多用兵之法。

洪武二十年（1387）正月，傅友德率兵在金山（今阿尔泰山）讨伐元故将纳克楚，三保跟在傅友德身边，为他拿着地图等军事用品，并尝试着提了几点建议，竟然被傅友德采纳了。三保非常高兴，傅友德也对这个小差役刮目相看，从此让他做了贴身侍从。

洪武二十一年（1388），三保又参加了在和林（今蒙古人民共和国鄂尔浑河上游东岸哈尔和林）大破元故丞相哈剌章的战役。几次战斗都大获全胜，充分显示了傅友德的军事才能，三保也受到锻炼，逐渐地成熟起来。

洪武二十三年（1390），元故丞相耀珠，鼐尔布哈不断侵扰边境，朱元璋命令他的第四个儿子，最有军事指挥才能的燕王朱棣，晋王朱㭎率师北伐，并命颍国公傅友德率北平兵从燕王，定远侯王弼率山西兵从晋王，都受二王节制。

这天，燕王朱棣与晋王朱棢、颍国公傅友德等在一起研究作战计划，三保提着茶壶为他们上茶。

燕王朱棣看了看三保，发现他眉清目秀，举止言谈之中，透露出不凡的气质。尤其两只眼睛，显得格外机警、聪明。燕王不由地问道：

"你叫什么名字？"

三保立即跪下答道：

"回燕王的话，我叫马和（马三保）。"

燕王又问道：

"你是哪里人？父亲是干什么的？"

三保道：

"我是云南昆阳人，父亲曾是滇阳侯。"

"哦，这么说你出身于王侯之家了？识字吗？读过什么书？"

三保回答说：

"识字。家中原有些书，父亲曾到天方朝圣，带回来许多书，天文、地理、医学等略知一二，不敢说读过书。"

燕王点点头，沉思了一会儿说：

"你退下吧！"

三保躬身退了出去。颍国公傅友德见燕王对三保很感兴趣，便笑着说：

"这小子还真有点儿聪明。"

接着，他讲了在前几次战斗中，三保出了不少好点子的事。燕王听了，哈哈大笑说：

"这倒很像我小的时候咧！"

傅友德听罢说道：

"如果殿下喜欢，就把三保送给您吧！"

这样，三保就离开了傅友德，转而服侍燕王朱棣。他能得到雄才大略、知人善任的燕王的常识，是一生的大幸。从此，三保的命运就与燕王朱棣紧紧地联系在一起了。

靖难之役建奇功

　　三保随侍在燕王朱棣身边，驰骋在西北千里沙场。经过几次战斗，鼐尔布哈、耀珠被迫投降。西北边患，全部肃清。捷报传至南京，朱元璋龙颜大悦，高兴地说道：

　　"肃清沙漠，燕王功也。"

　　从此，朱元璋就把北方的军事重任，完全托付给燕王朱棣。

　　燕王朱棣是一位谋勇兼备的帅才，他不仅骁勇善战，任贤举能，而且高瞻远瞩，雄才大略。驻守北平后，燕王即选派一些学识渊博的人，到燕王府中教授侍臣学习，并在府中设立藏书室，室内藏书丰富，侍臣们可以随便阅读。

三保如鱼得水，一有空闲，便钻到藏书室里看书。三保原本就聪明好学，这些年转战南北，更是增长了见识，练就了本领。很快，他就在内侍中脱颖而出。无论是姿貌才智，还是善解上心，都无人能与他相比。燕王朱棣也发现三保才智超群，更是喜欢。平时谈论国事，下棋品茗，都召三保陪侍。三保在这样的氛围中，渐渐长大了，成了燕王的亲信和贴身侍从。

明洪武三十一年（1398），太祖朱元璋驾崩。

朱元璋是个多子的皇帝，共有26个儿子。由于皇太子朱标在洪武二十五年（1392）病死，便引发了继承皇位的斗争。

在立皇太子的问题上，太祖朱元璋一直处在矛盾之中。按照嫡长继承制，嫡长子朱标死后，应由朱标的嫡长子继承。但朱标的嫡长子朱雄英在几年前就死了，这样他的弟弟朱允炆就有资格继承了。但朱允炆儒雅文弱，太祖朱元璋担心他难于统治。在朱元璋心里面几个最有实力的儿子中，太祖认为燕王朱棣雄才伟略，比较适合继承自己的事业。

一天，朱元璋和几个亲近大臣密议立储之事。他说：

"太子死了，皇长孙儒雅文弱。治理国家必须刚毅果断，我想立燕王为皇太子，你们以为如何？"

大臣们都持反对意见。因为燕王为第四子，尚有两个哥哥在，立燕王与宗法伦理有背。而且皇长孙已经长大，可以理政了。

因为大臣们的反对，更因为朱元璋本人的犹豫，燕王朱棣与太子位无缘，朱允炆被立为皇太孙。

后来，燕王朱棣的二哥秦王朱樉、三哥晋王朱棡先后病死，燕王在众兄弟中就成了老大。如果这时立燕王为皇太子，在伦理上已无障碍。但皇太孙已立了五六年，废皇太孙而立燕王，也觉不妥。况且太祖朱元璋也已近古稀，身体和精力也不行了。这样，由于多方面的原因，易储一事终无结果。

太祖朱元璋在位时，慑于他的威严，他的儿子们虽欲夺太子位，但却不敢轻举妄动，因此，一切都显得平静无事。当朱元璋驾崩后，皇太孙朱允炆继位，年号建文。一场争夺皇位的斗争不可避免地到来了。

建文帝继位后，感到那些拥兵在外的叔父对他是个威胁，就采取亲信大臣齐泰、黄子澄的建议，开始削藩。

在削藩问题上，齐泰与黄子澄意见不一。齐泰认为，燕王最强、威胁也最大，把最强的削了，其他诸王也就好办了。黄子澄则说：

"不能这样，周、齐、湘、代、岷诸王，在先帝时就有很多不法的事，削之有名。今要削藩，应当先从周王开始。周王是燕王的同母兄弟，削了周王就等于翦除了燕王的手足。"

建文帝采纳了黄子澄的意见，首先从周王朱木肃开刀，削去藩号，废为庶人。

接着，湘王朱柏被告谋反，自焚而死。齐王朱榑被消除王爵，废为庶人，和周王同囚于京师。又囚禁代王朱桂于大同，岷王朱楩也被废，徙往漳州。

建文帝即位后，在一年内接连废除了5个藩王。燕王朱棣知道下一个就该轮到他了，于是召集群臣，商量对策。

群臣众说纷纭，其中有一个叫道衍的和尚（姚广孝），学识渊博，平日与燕王关系密切，用眼色暗示燕王。燕王于是密召其入后府，道衍低声说：

"殿下此时不宜擅动，应先装狂称病，对外不办理一切事务，先消除建文帝的疑心，来个缓兵之计，然后再做打算。"

于是燕王便佯狂称疾，他在大街上乱喊乱叫，语无伦次。有时躺在地上，半天不醒，甚至整天昏睡。燕王得了疯病的消息很快传开来。建文帝半信半疑，便派北平布政使张昺和都指挥使谢贵到燕王府探病，看一看燕王的疯病是真是假。

张昺、谢贵来到燕王府，只见大热天，燕王还围着火炉子烤火，哆哆嗦嗦地说：

"真冷啊！真冷啊！"

这时正是农历六月，人们都感到酷热难耐，张昺和谢贵看到燕王这个样子，真的相信燕王得了疯病。他们把这情况奏告了建文帝，建文帝也相信了。

建文帝虽然没削燕王藩号，但以防边为名，将燕王的护卫兵调离北平，并派自己的亲信带兵驻守北平，监视燕王。

燕王一面装病，一面暗中练兵，铸造武器。为了迷惑建文帝派来的耳目，在后院养了大群的鹅鸭，用鹅鸭的叫声来遮掩操练和制造兵器的声音。

但纸里包不住火，燕王要举兵谋反的事，被底下人告到了建文帝那里，于是建文帝下密诏，令张昺、谢贵和北平都指挥金事张信，逮治燕府官属，擒拿燕王。

张信接到密令后，坐卧不宁。后来下决心去燕王府，连去三次，燕王朱棣才接见他。张信把建文帝密诏抓他的事告诉了燕王。

燕王表面不动声色。这天夜半，燕王密令其亲信护卫指挥张玉、宋能带领勇士八百人，偷偷藏于端礼门外。

次日清晨，张昺、谢贵前来燕王府捉拿官属。张昺、谢贵一出端礼门，即被拿下。八百勇士杀死看守燕王府的官兵，乘夜攻夺了九门。

北平的守兵听说张昺、谢贵被杀，都溃散而去。燕王很快控制了北平城。

　　燕王控制了北平以后，原北平的官员纷纷归降燕王。燕王就现有将士，誓师兴兵，打出了"奉天靖难"的旗号。

　　太祖朱元璋在世时，怕权臣擅政，规定地方藩王有移文中央索取奸臣和举兵清君侧的权利。燕王朱棣为了师出有名，就援引这一规定，作为起兵反抗的借口。建文元年（1399）七月五日，燕王正式起兵。他称自己的举动为"清难"，即是清祸难的意思。

　　消息传至南京，建文帝惊恐万状。他深知燕王足智多谋，不敢怠慢，令耿炳文为大将军，率三十万大兵迎战燕王。

　　这时燕王朱棣手下只有8 000士兵，但燕王体恤部卒，善于用兵，每战必身先士卒，所以每战必胜。拔居庸关，破怀来，活捉都督宋忠，取密云，克遵化，降永平，扫清了北平外围的敌军。

　　建文元年（1399）八月，燕军在真定（今河北正定）大败耿炳文军。

　　建文帝听说耿炳文战败，便任命黄子澄推荐的李景隆为大将军，代替耿炳文。

李景隆是个纨绔子弟，贻误了许多战机，结果大败而回。

建文帝朱允炆又以盛席代替李景隆为大将军，擢升铁铉为兵部尚书，哲理大将军军事。

盛席和铁铉指挥南军，几次大败燕军，燕王朱棣也险些被捉。

到了建文三年（1401）十一月，燕王与建文帝的战争已经打了三年多，经历了无数次的大小战斗，双方互有胜败，不见分晓。但燕军在战斗中不断地发展壮大起来。

这时，建文帝宫中的一个宦官因事被黜，被建文帝逐出宫中，走投无路之时，投奔到了燕王府。他对燕王说：

"南京城空虚可取，城内的兵力，都调出来打仗了。"

燕王朱棣听了，决定直取南京。只要攻下京师，其他人就会投降。

于是，燕王督师直攻南京。建文四年（1402）六月，燕军渡过长江，直抵南京城下。建文帝手下诸将见大势已去，纷纷开城迎接燕王，南京攻陷，皇宫起火，建文帝不知所踪。

燕王与建文帝历时四年的战争结束了。公元1403年，燕王朱棣登基，年号永乐，史称明成祖永乐皇帝。

燕王朱棣得登帝位，不忘旧日功臣。对清难之中跟随他南征北战的将领，一一封赏。三保一直随侍在燕王身边，几次血战，三保都拼死保驾，论功封为内官监太监，成了内官监的首领。

永乐二年（1404）正月初一，永乐帝朱棣亲笔书写了一"郑"字，赐予三保为姓。能得到皇帝的赐姓，是无比荣幸的。从此，马和（马三保）改名郑和，开始了他更为辉煌的新里程！

受命出使

    明朝初期，由于太祖朱元璋三十一年的励精图治，国家经济有了很大的发展。明成祖朱棣即位后，对内继续执行朱元璋的发展经济的政策，经过几年的努力，使遭受战乱破坏的经济得到了恢复和发展。

    在农业上，各地仓廪充实、国富民安，在手工业方面，冶铁、铸铜、制瓷、织染、军器火药的制作等等，都得到了迅猛的发展。尤其是造船业的发达，出现了许多大的造船厂。航海技术也日益先进，大批航海技术人员也成熟起来。

农业、手工业的发展，也促进了商业的繁荣。全国出现了许多著名的商业城市：南京、杭州、苏州、扬州、开封、泉州、广州、福州、宁波等等。

经济上的繁荣，使明初的国力逐渐增强。随着政权的不断强大和稳定，明成祖开始致力于发展与海外诸国的关系。

太祖朱元璋和建文帝朱允炆执政时，都执行严格的海禁政策，即禁止私人之间的海外贸易，不许中国海商私自出海，也不允许外国商船来中国贸易，一切中外物品交换活动都必须通过"朝贡"和赏赍的方式进行。这样，明朝与海外诸国的外交、外贸关系逐渐减少甚至中断了。明成祖即位后，虽未敢明令废除海禁，但在执行中却大大地放松了。他不仅重新设立了市舶司，对诸国来华人员都采取了欢迎和友好的态度，而且准备派使者赴西洋进行外交、外贸活动。一方面要诏谕海外诸国，告知明朝政权的变化，扩大明王朝在海外的影响，促使海外诸国来华朝贡；另一方面，由于建文帝在城陷之日下落不明，许多人认为建文帝逃亡海外，建文帝旧臣对建文帝仍抱有幻想。成祖朱棣也想在海外查寻建文帝的下落。

这天，成祖朱棣招来著名的相面专家袁忠彻，问道：

"朕意派人通西洋，你看谁最适合呢？"

袁忠彻思索了一会儿说：

"依臣之见，内侍郑和可担此任。郑和不仅智勇双全，知兵习战，博辨机敏，而且出身伊斯兰教世家。西洋诸国，多信奉伊斯兰教。臣以为出使重任，非他莫属。"

成祖高兴地说：

"正合朕意！来人哪，传郑和上殿！"

一会儿，郑和走进了殿门，只见他身长九尺（约180厘米），腰大十围，虎背熊腰，眉目分明，耳垂过面，齿如编贝，行如虎步。他急步走到成祖面前，跪下请安。一开口，声音洪亮，气度非凡。他早已不是当年的小三保了，已经成了成熟的内官监头领了。

"郑和，朕意让你率领船队遍访西洋各国，宣扬我大明国威，与诸国通商贸易，你意下如何？"

郑和一听愣住了，仿佛做梦一般。他又想起了家乡小河上飘的纸船儿，想起他跪在地上的祈祷。今天，他少年时代的愿望就要实现了！他激动极了，连连磕头谢恩，说道：

"臣愿意前往，臣一定不辱使命，完成陛下交给的任务。"

成祖听了，满意地点点头，说：

"好！朕命你为出使西洋船队的正使太监，命王景弘为副使太监，协同你统领舟师。一切人员、物资，悉听你的调度。"

郑和领命而去，他心潮起伏，激动不已。

回到自己房间，他跪在神位前，叩谢神圣的真主，让他得遇明君，给他安上飞翔的翅膀，越过大洋，飞到早已神往的彼岸！

郑和冷静下来以后，感觉到肩上的担子很重。出使西洋诸国（当时的"西洋"，是指今东南亚和印度洋沿岸及非洲东海岸一带的国家和地区），关系到国家的声誉和安危。成祖把这么重要的事交给他，表明成祖和满朝文武对他的信任。然而，航程那么遥远，所到各国风土人情不同，万一出现什么差错，那可就上对不起皇帝，下无颜见父老乡亲了。

于是，郑和找来副使王景弘及侯显、李兴、朱良、周满等人，开始了细致而周密的准备工作。

远航的首要问题就是船。要顶住汪洋大海的惊涛骇浪，远航万里，就必须建造大船。当时的造船技术已相当先进，制造远航巨舶已完全可能。除船体要大外，船身也要稳，还需解决水流、风向、水阻等等问题。郑和从浙江、江西、湖广、福建、南直隶（今江苏省）等沿海地区找来造船的能工巧匠共四百余人，云集在南京宝船厂，商造大船。郑和把这些人编为四厢：一厢出船木梭橹索匠，二厢出船木铁缆匠，三厢出捻匠，四厢出棕篷匠。这样分工明确细致，便于管理。

为了保证大船的质量，又从全国各地征集最好的木头，尽快运到南京宝船厂。成祖朱棣又派人从皇家庄园（桐园、漆园、棕园）选来大树数千株。这样，南京宝船厂和福建长乐太平港（今福州长乐县北）一起动手，日夜赶造大船。

船的问题解决了，郑和便着手挑选使团成员。出使异域，需要通事（翻译），于是找到马欢、贵信等人；出使路途遥远，人员众多，必备医官医士；路途险恶，海盗出没，军事人员不能缺少；出使各国，礼仪赏赐，需要人掌管，必设鸿胪寺序班；庞大使团的人员粮饷，也需设专职户部郎中管理；航海技术人员当然是不可缺少的，有番火长、舵工、班碇手、水手等等；还备有船舶修造工匠，如铁锚匠、木捻匠、搭材匠若干人；一般管理人员和办事杂务人员，有带管、教谕、厨役、买办、书算手等；另外还有负责观察预报海洋气象的人员——阴阳生。这样，从领导人员到烧水的小厮，分工明确，各司其职，一一布置完毕，共二万七千余人。

郑和又让人准备马匹、纻丝、瓷器等赏赐各国的物品及民间贸易用品。为了万无一失，郑和又派人实地考查了附近的海域，校正以往航线的谬误，查明暗礁险流等等。为了便于指挥，郑和把庞大的船队排兵布阵，前呼后应。这样一切准备就绪，奏明皇帝。成祖朱棣听了龙心大悦，亲自择定吉日，诏令下西洋的使团开船！

扬帆出海

永乐三年六月十五日（1405年7月11日），苏州刘家港（今江苏太仓浏河）。

清晨，人们都还在梦乡中没有醒来，码头上已喧嚣起来。只见港口里泊满了大大小小的船，岸上人山人海，人头攒动。一会儿，鼓乐声响起，一队人马簇拥着一个着内官监太监官服的人走过来。码头上早已设了香坛，一行人跪在坛前，双手合十。只见那领头人口中念着：

"今有钦差总兵太监郑和，奉命出使西洋诸国，海路茫茫，祈求苍天保佑一路平安……"

由于这么庞大的船队出使各国还是第一次，朝廷非常重视，满朝文武大臣都来送行。加上围观的群众，人潮涌动，把码头围得水泄不通！

郑和一行人上完香，一人高声喊道：

"吉辰已到，上船！"

郑和与送行的人们挥手告别，带着人马踏上宝船。

这艘宝船非同一般，长有四十四丈（150米），广（宽）十八丈（62米），大概相当于现在8 000吨级的远洋巨轮！这是郑和、王景弘等领导成员乘坐的旗舰。郑和等是代表大明朝皇帝出使各国，要显示大明朝的繁荣富强，要扬威海外，不仅衣饰高贵华丽，所乘之船亦豪华壮观。船体共分四层，有头门、仪门、丹墀、滴水、官厅、穿堂、后堂、库司、侧屋、书房、厕所等等，每间都是雕梁画栋，象鼻挑檐。各间独立封闭，华丽舒适。整个宝船就如一座小型化的帅府，设施齐全。

舱室客厅设在高处，其建造工艺与用料用工，远非一般海船可比，而与帝王所乘"龙舟"相仿。

人们看到如此豪华壮观的大船，都惊讶不已，议论纷纷。这样的船，在当时是独一无二的。

郑和满面春风，气宇轩昂地站在船头，向岸上的人们挥手告别。在他的后面，二百余艘大大小小的船依次排列：有粮船、有水船、有装马匹的、有装纻丝的、有运瓷器的……

只见港口内舳舻相衔，旌旗蔽日，船队绵延十几里。郑和所乘的指挥船看不见了，后面的船还在港口中未起锚呢！船队载着二万七千余人，浩浩荡荡顺着长江向远方驶去。

船队离开刘家港后，从长江口驶入东海。船队在茫茫大海中破浪前进，到了福建长乐港（今福州市长乐县北），停泊下来等候风汛。因为当时出海，必须借助季风才能出入港口。郑和船队一直等到十月，待冬季东北季风刮起，便从五虎门（今闽江口）扬帆远航！

异域风情

郑和率领庞大的船队，从五虎门出发，一路乘着东北风，劈风斩浪，驶入南海。一路上，船队在近海则以陆地上的高山、高塔等为航标，结合使用罗盘针，确定航向。晴天观看星象测定船的位置，阴天则用罗盘辨别方位。每遇暗礁、漩涡，就在航海图上标明。每行一段路，就用铅锤缀上长绳，放到海底，测量水深和水底情况，然后记录下来，作为航海资料。

船队一路扬帆南下，顺风十昼夜到达占城（今越南南部）。

郑和出使西洋之时，明朝廷与南洋诸国（今东南亚、南亚各国），西洋各国之间，都存在许多矛盾。这些矛盾和问题不加以解决，明朝与西洋诸国之间的友好关系就得不到恢复和发展，也就实现不了成祖朱棣"万邦来朝"的心愿。郑和使团下西洋的一个主要目的就是解决西洋诸国的争端，第一个目标就是安南与占城问题。

安南自宋朝以来，世代称蕃于中国。太祖朱元璋建立明朝之初，安南国王就派遣大臣来朝贡，并请封爵。之后，安南国王（陈氏）都恪守祖训，归顺于明朝。

到建文二年（1400），安南国相黎季犛夺取政权，自立为王，改国号大虞。黎氏篡权后，对内大杀陈氏宗族，横征暴敛，百姓苦不堪言。对外欺凌小国，抢劫占城，又侵掠中国边境。成祖朱棣称帝后；于永乐二年（1404）八月，遣使指责安南。但黎氏政权置之不理，不仅继续侵略占城，还入侵中国的云南、广西等地，抢劫财物。盘踞在这一带的海盗也趁机兴风作浪，在海上抢劫来往船只，局势非常紧张。

永乐二年八月，陈氏宗属中唯一幸存者陈天平逃到明廷告难，成祖朱棣遣使安南，希望黎氏迎陈天平，以君事之。黎氏表面答应，派人迎陈天平继帝位，暗中设伏，杀死了陈天平。成祖原本想以和平方式解决安南问题，黎氏这一两面派行径，令成祖大怒，遂下令大军征讨安南。

郑和船队到达占城时，占城已摆脱了安南的统治。占城国王非常感激明朝的援助，听说明朝使者到达，亲率大小官员出城迎接。

宝船靠岸后，郑和手捧永乐皇帝的诏书，随从抬着永乐皇帝赏赐给占城国王的礼品，一起走下船来。

只见占城国王头戴三山金花冠，身穿五色礼服，肩披锦花手巾，腰扎八宝方带，脚着玳瑁履，手腕、脚腕都带着金镯子，骑着大象，大象身上披着红毯，带着五百多人的仪仗队出来迎接。

仪仗队跳起了欢快独特的迎宾舞。他们有的舞着皮牌，有的手拿刀枪，有的捶着善鼓，有的吹着椰笛……欢迎仪式热烈而隆重。

占城是个亚热带国家，林木茂盛，四季常青。盛产稻米和椰子、槟榔、柠檬等水果。当地的百姓都有口嚼槟榔的习惯，牙齿被槟榔染得红而发紫，说话唱歌的时候，别具风采。

　　欢迎仪式结束后，郑和向占城国王宣读了永乐皇帝的诏书，赏赐给占城国王大量礼品。占城国王跪地膝行，接受了诏书和礼品，并把占城出产的象牙、犀角、伽蓝香等特产贡献给明朝廷。其中有不少奇珍异宝：有一种火珠，中午经日晒，晚上可以燎香烧纸；还有一种水珠，光莹无瑕，投在清水里，杳无形影，投在浊水里，水就会立即澄清；还有辟寒犀，装在金盘里可以使室内温暖；一种叫象平簟的席子，用象牙抽细丝编织而成，睡在上面，可祛除疾病……

　　接着，国王在王宫中举行了盛大的欢迎宴会，席间宾主共叙两国友谊，宴会洋溢着欢乐友好的气氛。郑和一行入乡随俗，大家围坐在一个大瓮旁，用三四尺长的竹筒插入瓮中，轮流用竹筒吸酒喝。瓮中的酒吸干了，就再加上水，直到没有酒味方才罢休。

　　国事访问结束后，郑和命人将船上的中国特产，如青瓷盘碗、纻丝、绫绢、烧珠等拿到岸上，到市场上交换当地的土特产品。

　　占城人十分喜欢这些中国产品，他们有的用淡金（成色较低的黄金）来买，有的拿自家生产的物品来交换，很快，中国的特产就被抢购一空。

郑和船队在占城作短暂停留后，完成了外交、贸易双重使命，又扬帆起锚，向爪哇国（今印度尼西亚爪哇岛上）航行。

船队沿着占城国海岸南下，经过渤泥岛西侧，朝着爪哇行进。顺风航行20昼夜，抵达爪哇。另一支分支船队，则从占城直接驶向暹罗（泰国）。

爪哇国人多信奉伊斯兰教，国人多是由广东、福建等迁移来的中国人。这里男子散发、赤身赤脚，腰间多着树叶编成的短蓑衣，斜插一种叫"不剌头"的刀，充满尚武习气。女子发结为椎形，上半身穿衣，下半身围以鲜艳的窄幅布条，脚穿木履，走起路来婀娜多姿，充满异国情调。这里的习俗很有趣，吃饭时不用汤匙和食具，用手抓着吃。

爪哇国国土广大，物产丰富，是当时的"东洋诸国之雄"，以出产优质胡椒闻名于世。郑和船队到达时，正赶上爪哇东王、西王互相攻杀（当时爪哇国内分为东西两部分），东王战败被杀，其属地被西王所并。郑和船队在经过东王治所时，官军登岸进行贸易活动，不幸被西王兵杀死170人。郑和得到消息后，即带兵准备讨伐西王。西王很害怕，派使者前来谢罪。郑和见爪哇西王知过服罪，便不再追究。办完国事，用中国的青花瓷器、麝香、金丝织锦和烧珠，换回了大量的胡椒、苏木（黑红色染料）、白檀香、肉豆蔻（肉果）、玳瑁（鳖甲）等，装载这些物品，船队继续向西行进。

成祖朱棣令爪哇西王都马板缴纳黄金六万两，以偿无辜死者之命。都马板见郑和船队已离开爪哇，便拒不交纳赎金。郑和在第二次下西洋时，不用武力压服，而是以理论争，再次与都马板交涉，都马板这才畏服，于永乐六年（1408）十二月，遣使献黄金万两以谢罪。成祖朱棣见其表示臣服，就以宽大为本，免去了爪哇所欠五万两赎金。从此以后，爪哇对中国怀德畏威，心悦诚服，年年入贡。

安南和爪哇问题的解决，使明王朝在海外诸国的威信大大提高了。

郑和船队经过邦加海峡，路过旧港，来到了满剌加（今马六甲）。接着访问了苏门答腊，南浡泥（以上二地均在今印尼苏门答腊岛上）。从南浡泥进入了波涛汹涌的印度洋。

印度洋向以凶猛的风暴和滔天的海浪著称，郑和命令全体官兵小心谨慎，测准航线。

果然，船队行进中遇到了大风，狂风吹得船体左右摇摆，许多士兵呕吐起来。大浪涌起几丈高，不时把海水掀进船里。船随着浪峰起伏，宛如一条巨龙在翻滚。有几条小船被狂风吹翻了。

郑和沉着冷静地站在旗舰上，指挥着众人：

"放铁锚！"

众人急奔船头。巨大的铁锚，用桶口粗的棕缆吊在船头，它有七丈三尺长的杆，三丈五尺长的爪，八尺五寸高的环，足有三四百斤，没有几百人休想动弹得了它。这些铁锚，是集数百能工巧匠在一百天内赶制的，是为了遇到风浪时镇船用的，现在派上用场了。

大家一齐喊号，拖出铁锚，抛入体系中。有了千斤重坠，船身稳了。郑和又令落下风帆，减小风的压力。各船靠拢，用铁索连在一起。

惊心动魄的几小时过去了，船和人都经住了狂风恶浪的考验。郑和指挥各船清点人物，检查船只，船队又继续前进了。

由于风向的影响，船队逆风行驶，前进缓慢。郑和与航海技术人员共同商量对策。他们根据经验，转动风帆，使之成为顺风，船向东南航行。航行一段后，再转动风帆，又成顺风，再向西南航行，这样船走"之"字，比逆风行船走直线要快，而且借用了风力。

战胜了风浪，船队经过锡兰山（今斯里兰卡），最后到达了这次航行的终点——古里（今科泽科德）。

古里是西洋大国，地理位置十分重要。虽然国内多山，土地贫瘠，物产不丰，但海路交通极为方便，因此，相邻各国的马匹、布料、珊瑚、珍珠、乳香、木香、金箔等物，都到这里出售。渐渐地，古里成了一个重要的商业都会。

古里同中国早就有友好往来。永乐元年（1403），明朝派中官尹庆至古里国访问，赠送彩币等礼物。古里国王沙里米也派遣使臣随尹庆到中国访问，受到明朝皇帝热情接见。两国的贸易也不断发展，郑和船队到达古里后，向国王递交了永乐皇帝的敕书和银印，赠送给国王和大臣级冠带等礼物，古里国也回赠了礼品。

古里国内分五等人：一等南昆人，是国王的家族；二等回回人，执掌国政的主要是回回人的两个头目；三等哲地人，是富户；四等革令人，是商人；五等木瓜人，是贫民。

郑和船队到达后，国王就派属下头目及富商、牙侩（经纪人），同中国宝船进行议价贸易。按当地风俗，进行十分有趣地摸手议价。事先择定日期，届时国王派两位大臣来主持，宝船上的有关人员先将各种货物带到交易地点，双方当着面，互相估定价格，然后买卖双方把手伸到对方袖子里，通过摸手以定价格。价钱议定后写合同，双方各持一份，然后古里国的头目和商人同中国官员互相握手，牙侩就在众人手中击一掌，就算交易成了，事后不论贵贱，双方不得悔改。牙侩则宣布某月某日取货。

中国方面的商品交易结束了，接下来轮到古里方面卖物品。商人和市民们带着宝石、珍珠、珊瑚等前来议价，仍然按摸手所定价格，多少珍珠换多少丝绸，多少珊瑚换多少瓷器，等等，有条不紊。古里国人重视信用，双方买卖公平友好，从未发生争吵。

古里国人计算方法十分独特、他们不会用算盘，而是以两手两脚的二十个指头计数。只见他们掰着两手指两脚趾，算得十分准确快捷，毫厘不差，令中国官兵惊叹不已！

古里国生产一种叫"撧黎布"的优质棉布，在西洋各国甚为珍贵，郑和船队用金、银、铜钱等采买棉布、胡椒等，双方各取所需。

古里国人民朴实淳厚，行者让路，路不拾遗，法无刑杖。人们都信奉佛教，尊敬牛和象，养牛只准喝奶，不准杀牛吃肉，私自杀牛者要被处罪。郑和了解到这些情况，命令部下言行谨慎，不可违犯当地风俗。

结束了对古里的访问，郑和带着古里国王用五十两赤金抽丝编织的、镶有各种宝石的宝带，准备起航回国。为了纪念第一次远航的圆满成功，郑和一行在古里树碑留念，碑曰：

"其国去中国十万余里，民物咸若，熙嗥同风，刻石于兹，永示万世。"

这个碑是郑和在海外所建的最早的石碑之一，标志着中古两国友谊的源远流长。

大战海匪

　　郑和率领庞大的外交使团，结束了对各国的友好访问，从古里启程回国。

　　永乐五年（1407），船队到达旧港（今属印度尼西亚）。

　　旧港也叫巨港，古称三佛齐国，位于苏门答腊岛的东北部。旧港与中国也有着悠久的友好往来，互派使者，称藩于中国。

　　中国广东南海（今广州）、福建一带的居民，不少移居到旧港。其中有一个叫陈祖义的人，原是广东潮州

（今潮安）的恶霸。洪武年间（1368—1398），犯事后逃到旧港，纠集一帮人，在当地称王称霸，无恶不作。他们经常聚众抢劫来往船只和客商，经常谋财害命。过往旅客和附近百姓，对他无不恨之入骨。

旧港酋长梁道明曾遣使向明朝求救。成祖朱棣命郑和查清事实，消灭旧港的海匪。

郑和一行到达旧港后，向陈祖义宣读了永乐皇帝的救书，并说明只要他改邪归正，朝廷赦免他犯的罪，并给予一定的赏赐。

陈祖义表面上愿意受诏，并献上贡物以示忠心，暗地里却偷偷策划攻打郑和船队。

旧港另一个爱国华侨施进卿，平日恨透了陈祖义。他探听到陈祖义欲劫宝船，立即报告了郑和。郑和船队虽然拥有强大的军事力量，但郑和想以和平方式争取陈祖义改邪归正。在诏谕陈祖义的同时，也做好了防卫准备。

一天夜里，海风呼啸，乌云翻滚，四周漆黑一团。陈祖义认为机会来了，就率领大队人马，乘着快船，悄悄驶向郑和宝船。

　　宝船静静地停泊在港湾内，灯光全熄了，一点儿声音都没有。陈祖义见了，高兴地说：

　　"他们熄灯睡觉啦！船上有许多珍宝，夺过来就是你们的了，快上啊！"

　　众匪徒一听珍宝，两眼发光，鼓起勇气，纷纷爬上宝船。这时只听一声鼓响，船内灯火齐明，冲出了众多士兵。一霎间烟雾弥漫，火铳齐发，铁砂如雨，直杀得海盗措手不及，纷纷落入水中。

　　陈祖义见势不妙，带着三十余人，换上小船往远海逃去。

　　郑和早已布置船只等在那里，一见陈祖义来到，一声号令，四周船出如箭，把陈祖义团团围住。陈祖义无路可逃，束手就擒。这一次战斗，杀死贼党五千余人，烧掉贼船十余艘，缴获七艘。另有铜伪印二颗。

　　旧港一战，大获全胜。不仅为当地解除了一大祸害，也为下西洋扫清了道路。郑和又任命施进卿为旧港宣慰司长官（酋长），管理当地军民大事。这样一来，旧港地方的治安恢复了，当地人民无不拍手称快。郑和船队从此威名大震，南洋诸国纷纷皆对明朝称臣纳贡。

永乐五年（1407）九月初二，郑和船队利用西南季风，带着爪哇、满剌加、阿鲁、苏门答腊、小葛兰、古里诸国的朝贡使节，一起回到了南京。具有历史意义的首航告捷！

智擒亚列苦奈儿

　　郑和首航，获得外交、外贸、航海等各方面的成功，圆满地完成了永乐皇帝交给的任务。永乐帝看着这么多国家来朝贡，又带回来诸多奇珍异宝，非常高兴。对各国使节，都给予丰厚的赏赐。对下西洋的官兵，也给予重赏。如赏擒获海盗陈祖义有功者，指挥赏钞一百锭，彩币四表里；千户赏钞八十锭，彩币三表里；医士、番火长赏钞五十锭，彩币一表里等等。

赏赐完毕，郑和等稍事休息，为了送各国使臣回国，也为了同更多的国家通好，成祖又令郑和第二次出访西洋各国。

永乐五年（1407）九月十三日，郑和率领宝船队出发。这次出访的国家有占城、爪哇、暹罗、满刺加、柯枝（今印度半岛西南的柯钦）、锡兰等，于永乐七年（1409）夏，回到南京。

这次出访，郑和曾到锡兰的兰佛寺布施了大量香礼：有金1千钱，银5千钱，各色纻丝50匹，各色绢50匹，织金纻丝宝幡4对，古铜香炉5个，戗金座全古铜花瓶5对，戗金座全黄铜烛台5对，金莲花6对，香油2 500斤，檀香10柱……布施这么多的香礼，主要是希望与当时的国王亚列苦奈儿修好。亚列苦奈儿是个不敬佛法、暴虐凶悖的君主。他刚愎自用，恃强凌弱，与邻国关系不好，屡次抢劫各国往来使者，周围国家对他是又恨又怕，无可奈何。

成祖朱棣对海外诸国实行的是"怀柔政策"。成祖虽然以"天朝大国"自居，要求诸国"尊事中国"，但却不以大国兵强势众去欺侮奴役海外小国，而主要是通过仁德来感化，以和平的方式，通过外交途径，让各国"宾服"于明朝。藩属国既不丧失领土主权的完整，经济上也不受任何损失。相反，会获得比入贡优厚得多的赏赐。基于这一原则，郑和对亚列苦奈儿进行赏赐，招抚。想以和平方式争取亚列苦奈儿敬崇佛教，不抢掠邻国，改邪归正。但亚列苦奈儿对郑和使团采取了极不友好的态度，企图谋害郑和，抢劫宝船。郑和及时发现了这一阴谋，机智地离开了锡兰。但问题并没完全解决，为了彻底解决锡兰问题，郑和又奉命第三次下西洋。

永乐七年（1409）十二月，郑和率领船队经占城、爪哇，先到了满剌加。

满剌加地处马六甲海峡，是太平洋与印度洋之间的交通咽喉。是来往船只的必经之地。满剌加原来没有国王，只有头目掌管，一直受暹罗的控制和欺凌，每年要向暹罗入贡四十两黄金，否则暹罗便派兵征伐。满剌加不堪忍受暹罗的奴役，急于摆脱暹罗的控制。

成祖朱棣即位后，于永乐元年（1403）十月派中官尹庆出使满剌加，赐以织金文绮、销金帐幔诸物，宣示大明威德及招徕之意。满剌加酋长拜里迷苏剌大喜，遣使入贡。成祖朱棣诏封拜里逮苏剌为满剌加国王，赐以诰印。暹罗发兵，强行夺走朝廷诰印，继续奴役满剌加。

郑和船队到达满剌加后，为满剌加酋长拜里迷苏剌正式举行了封王仪式。宣读了永乐皇帝的敕书，赐给国王双台银印、冠带袍服，建碑封城，从此称满剌加国。

满剌加国王十分感谢中国对他的帮助，使满剌加国赢得了独立。他举行盛大的宴会款待郑和一行。

宴会上，气氛友好热烈，双方各自介绍了国内的情况。郑和见时机已到，便向国王说道：

"尊敬的国王陛下，我远航船队，每次往返，经历许多国家。带大批物品往来，有诸多不便，能否允许我们在贵国建一个官厂（仓库）存放货物。这样，来往船只都到这里汇齐。这将为我们远航各国带来极大的方便。"

满剌加国王听后，满口应允，并即刻派人与郑和的官属一起去选地址，并拨给所需物资。

郑和谢过国王，即着手筹建官厂。在满剌加国王的支持下，官厂很快建成了。官厂规模很大、有内城、外城，四周有四个门，里面分别存放着粮食、金钱以及准备交换和赠送各国的许多物资。郑和在仓库四周设瞭望楼，晚上派兵巡逻看守。这个官厂成了下西洋的中转站，为下西洋的官兵解除了后顾之忧。它的建立，体现了两国人民的深厚友谊。

郑和还派人到满剌加北面的九洲山（今马来半岛西岸森美兰境内）采香，采得径八九尺，高八九丈的香树六株。这种香树黑花细纹，香味清远，非常罕见。当地居民见了，都瞠目结舌。说只有天兵才有这么大的神力。这些香木运回国内，成为珍品。

离开满剌加国，郑和船队经苏门答腊，于永乐八年（1410）到达锡兰。

锡兰也称狮子国，位于印度半岛南面的大海中，地理位置十分重要，是当时下西洋航线的必经之路。

郑和使团到达锡兰，国王亚列苦奈儿一反常态，热情地欢迎郑和一行。郑和见状也暗暗高兴，功夫不负有心人，亚列苦奈儿终于改邪归正了。他向亚列苦奈儿颁布了永乐皇帝的诏书，并厚赏国王及大臣，宾主尽欢而散。

第二天，亚列苦奈儿派儿子到郑和使团，邀请郑和一行到王宫赴宴。宴后，亚列苦奈儿带领郑和参观他的猛兽园，郑和欣然前往。只见一个大笼子里，养着猛虎、狮子、大象、金钱豹等，一个个龇牙咧嘴，不时发出一声声怒吼，一阵阵刺鼻的腥臭味扑面而来……

郑和看到尽是些凶狠的野兽，不禁问道：

"陛下喜欢猛兽吗？"

亚列苦奈儿嘿嘿冷笑两声，说道：

"这是我的治国绝招，我的百姓若不服从我，就把他扔到笼子里喂老虎。其他人看了，就再也不敢反对我了。哈哈哈！"

亚列苦奈儿得意地大笑起来。笑毕，向后一挥手，只见几个士兵押着一个人走出来。那人被五花大绑，不断挣扎着，不停地叫道：

"我冤枉啊，国王饶命啊……"

亚列苦奈儿两眼一瞪，说道：

"把绳子解开，把他给我扔下去。我要看看你和野兽到底谁厉害？"

那个人吓得面无人色，话都说不上来了。只听扑通一声，被扔到了笼子里。笼子里的猛兽早已饿极了，一齐扑过来。那人一边惨叫，一边挣扎着用手扑打着……一会工夫，那人已被猛兽撕碎，吃光了，地上只剩下骨头和一摊鲜血……

郑和看到这残忍的场面，不禁打了个冷战，胃里的食物一个劲往上涌。他赶紧掩住嘴，一回头，正碰上亚列苦奈儿满含杀气的眼睛。

亚列苦奈儿阴阳怪气地说：

"郑大人，听说您的宝船上有许多奇珍异宝，能否拿来让我也一饱眼福啊？"

郑和一听，立即明白亚列苦奈儿是在要挟他，也知道刚才这出戏是演给他看的。郑和义正词严地拒绝了亚列苦奈儿的要求，随即带领使团人员回船。

郑和一行出了王城，发现回宝船的路已被树木堵死。又得到消息，亚列苦奈儿在郑和一行入宫后，即发兵五万，包围了钱粮船只。

在这敌众我寡的情况下，郑和沉着冷静，他分析形势说：

"锡兰国兵士有限，亚列苦奈儿把大兵派去围攻宝船，王宫内兵士必少。我们趁他城内空虚，出其不意打回去，抓住亚列苦奈儿，其他众贼就会降服了。"

于是，郑和命少数官兵悄悄另择路径回宝船，指挥船上官兵作战。自己带三千人马，利用夜色作掩护，绕道偷偷折回王城。

亚列苦奈儿根本没想到郑和会打回王宫，还在宫中跟王妃侍女饮酒作乐呢！他醉醺醺地说：

"一会儿郑和就葬身鱼腹了，他的船和所有的珍宝就归我了。哈哈，一会儿我给你们每个人分珍宝……"

话音刚落，只听院内一片混乱，奔进一个侍卫，惊慌失措地对亚列苦奈儿说：

"郑和的兵打进来了！"

亚列苦奈儿听了，困惑地说：

"我在半路上设了伏兵，道路又堵死了，郑和怎么这么快就打进来了？"

侍卫说：

"郑和根本没回宝船，突然折回来攻打城门，我们毫无防备，已经顶不住了。"

亚列苦奈儿一听，顿时傻了，呆坐在王位上，一句话也说不出来。几个侍卫过来，扶他起来，又拉着王后、王妃说：

"陛下，趁郑和没打进来，赶紧跑吧！"

说着，一行人就往宫外冲。这时，郑和率人已把王宫团团围住，任他亚列苦奈儿也插翅难逃。亚列苦奈儿只好乖乖就擒。

亚列苦奈儿派去围攻宝船的五万人马，听说王宫被困，立刻撤兵回救王宫，把王城围了个水泄不通。双方苦战六日，由于郑和城内兵力太少，宝船上的官兵为防劫船，不敢离船，双方僵持着，一时胜负难分。

郑和等人商量，这样相持对我不利。于是，第七日凌晨，郑和令人悄悄开了城门，从王宫后的树林中伐木取道，且战且走。守在城外的敌兵发现后，拼命追赶。又放出驯养的虎豹、大象、狮子等作为前驱，来冲击郑和军队。郑和急中生智，军中带有土制枪药，就像今天的鞭炮一样。郑和命令士兵把枪药挂在树上，一齐点燃。等到兽群奔到，枪药噼里啪啦，火花四溅。那些野兽吓得回头就逃，反而冲垮了追兵。趁着这一空隙，郑和押着亚列苦奈儿一行，飞奔上海船，与守船官兵胜利会师，迅速扬帆起锚，驶往葛兰（今奎隆）。

永乐九年（1411）六月，郑和带着随他来中国访问的十九个国家的使者，押着亚列苦奈儿及妻子，胜利地回到南京。

整个南京城都轰动了，许多大臣纷纷要求处死亚列苦奈儿。永乐皇帝朱棣宽厚仁慈，悯其愚顽无知，赦他不死。并让亚列苦奈儿一行暂住中国，给予衣食。亚列苦奈儿亲眼看到中国的强大，大明皇帝的宽仁，终于低头服输了。

永乐十年（1412）七月，永乐皇帝派使者带着诏书和诰印再赴锡兰，封贤能的耶巴乃那为国王，亚列苦奈儿一行同时被遣送回国。锡兰同中国从此保持着友好的外交关系。

锡兰和附近岛屿海盗横行，附近各国人民深受其苦。郑和船队一下西洋生擒陈祖义、三下西洋俘获亚列苦奈儿后，小海盗们望风而逃，海上从此清宁。各国居民安居乐业，海外诸国十分感谢明朝使团，纷纷派遣使者与中国修好，南京城中常有外国使节游览观光，使本来就繁华的古都更加热闹。

郑和和他的船队也威名远扬，传遍了东南亚诸国。从此，亚洲各国之间往来交通的海上"丝绸之路"完全畅通了。郑和和他的船队又开始了更艰险、更遥远的航行！

征服印度洋

　　郑和三下西洋，使中国到印度半岛的航路打通了。东南亚、南亚各国纷纷派使节来华。为了贯彻永乐帝"宣德化而柔远人"的对外方针，实现"四海安宁，万邦来朝，共享太平之福"的大政，朱棣命令郑和横渡印度洋，出访更远的波斯湾诸国。

　　这次出使，海路更艰险，更遥远。因此，郑和在人员和物资装备上作了详细周到的准备。他亲自到西安求访通晓阿拉伯语的翻译人员，几经周折，找到了西安羊市大清真寺掌教哈三。临出发前，他又奏请在福建长乐兴建天妃宫祭祀海神。

天妃，是古代航海者信奉的海神。也称妈祖。这里还有一个美丽的传说呢。

相传天妃姓林，是宋初人都巡检林愿的第六女儿，家住在福建莆田县湄洲屿，大约死于宋太宗雍熙四年（987）。她死后，乡里人传说看到她穿着红衣红裙飞翔海上。如有船只遇风浪危险，她就变成彩蝶或小鸟，在波峰浪谷中飞来飞去，还不时发现亮光。航海的人见了，就能化险为夷，特别灵验。这样一传十，十传百，越传越神，乡亲们就为她建了祠庙祭祀。后来，由于传说越来越广，引起宋廷的重视，在宣和五年（1123），皇帝特赐顺济庙号。到明朝郑和下西洋时，已被敕封为"护国庇民妙灵昭应弘仁曾济天妃之神"。凡是入海的船只，一定在船上设天妃神主位。每遇风浪，便求助于天妃显灵，保祐平安。

这当然是个美丽的传说，其实，在科学不十分发达的封建时代，人们要远航海外，在惊涛骇浪中漂泊万里，精神上不能没有寄托。天妃之神正是航海者的安慰和寄托，用以鼓舞众志，战胜风浪。郑和下西洋路途遥遥，海浪滔天，人员众多，更要依靠海神之力，以坚众志。因此，每当航海之前，都要祈求天妃保佑，平安归来。

做好了一切准备，永乐十一年（1413）冬，郑和一行高举帆旗，一路乘风破浪，经占城、爪哇、旧港、满刺加、彭亨、急兰丹（以上两地在今马来西亚），到达苏门答腊。

自从郑和下西洋开通海路后，苏门答腊一直与中国保持友好的外交关系，两国互派使者，来往不断。郑和到达苏门答腊时，正赶上苏门答腊发生王位之争。这里还有一段曲折动人的故事呢。

原来，苏门答腊的老国王在位时，受到那孤儿花面王侵略，在战斗中，身中药箭而死。他有一个儿子，当时很小，不能为父报仇。国王的妻子眼看国破家亡，挺身而出。她召集本国百姓，慷慨激昂地说道：

"那孤儿花面王杀死了你们的国王，夺走了你们的土地，我儿尚小，不能复仇，你们有谁能替我报杀夫之仇，恢复我国土者，我愿与他为妻，共主国事！"

王后的话刚说完，一个老渔翁接道：

"王后的话当真？"

王后泪流满面，跪在国王的神位前说：

"今天当着死去的国王，当着全国百姓，我发誓，绝无戏言。"

渔翁见状，大喝一声：

"好！我能为你报仇雪恨。"

于是渔翁带领苏门答腊国士兵，奋勇追杀花面王。结果，花面王被打得大败，自己也中箭身死，部下不敢再来侵扰。王后不负前盟，与老渔翁结为夫妻，称之为志王，国事一并交与志王管理。

先王的儿子一天天长大了，先王部下不满于志王执政，于是与先王之子一起，合谋杀死了志王渔翁，夺取了王位。渔翁的亲生儿子名叫苏干剌，率领一部分侍臣、家人逃到森林中，发誓要为父亲复仇，不时带领部下袭击王宫。两方兵力相等，谁也打不败谁。频繁的战争，使苏门答腊国民深受其苦，也影响到附近往来贸易的船只，百姓都渴望早日结束这场王位之争。

正值此时，郑和一行来到了苏门答腊。先王之子以苏门答腊国王的身份，向郑和求救。

郑和了解了事情的原委后，准备进行调解，使双方讲和，停止战争。

苏干剌听说先王之子锁丹罕难阿必镇求救于郑和，十分惊慌，而且把怨恨都转移到郑和身上。当郑和派人前来讲和时，苏干剌蛮横地说：

"讲和可以，不过宝船上的珍宝要归我。"

郑和几次派人对他晓以大义，苏干剌都置之不理。双方僵持数日。

这天，苏干剌的谋臣献计说：

"趁着郑和没有防备，咱们打他个措手不及，把宝船上的东西抢过来！"

于是，苏干剌带领数万人马来袭击郑和宝船。郑和见和谈没结果，料到苏干剌会来偷袭，早已布置好兵力，严阵以待。等苏干剌一到，只听一声令下，万箭齐发。苏干剌部下立时慌了手脚，纷纷落水逃窜。锁丹罕难阿必镇领兵从四周包围了苏干剌，里应外合，苏干剌无路可逃，很快被生擒了。

捉住了苏干剌，解决了王位之争，苏门答腊举国欢庆，感谢郑和船队为他们解除了战争之苦，恢复了平静、祥和的生活。锁丹罕难阿必镇的王位得到巩固，自然更是高兴。从此不仅对明朝称臣纳贡，对郑和下西洋也给予极大的支持。此后，两国交往不断。不久，国王的弟弟亲自到中国访问，不幸病逝在中国，明朝政府为他举行了隆重的葬礼。

处理了苏门答腊的争端，郑和派出部分宝船访问了南巫里和阿鲁等国，自己则率领船队经锡兰，加异勒（印度半岛南端）到达古里。在古里做了适当休整，便着手准备横渡印度洋。

波涛汹涌的印度洋，素以风大浪高著称。即使在科学高度发达的今天，印度洋也是令人望而生畏的海域，何况是十五世纪的明初呢！

但中国人的意志无坚不摧，任何大风大浪都阻挡不了中国的船队！他们运用先进的航海技术，驾驶庞大的船队，凭着坚韧不拔的毅力，同狂风恶浪进行搏斗。白茫茫的洋面上，船队像一条游龙在破浪前进：一会儿涌上浪尖，一会儿跌入波谷，不管是狂风暴雨，还是急流险滩，船队都稳如磐石，勇往直前。这就是当时世界上最庞大、最先进的船队，凶悍的印度洋低头了。船队经过二十五个昼夜的航行，胜利地到达了波斯湾口的忽鲁谟斯里（今属伊朗）国。

忽鲁谟斯里是信奉伊斯兰教的国家，这里风俗淳厚，路不拾遗。一家遇难，众人都会相助。

忽鲁谟斯里同中国也早有友好往来，中国的商船曾多次到过这里。因此，国王对中国客人十分友好，在王宫中举行了隆重的欢迎仪式。郑和向国王宣读了永乐皇帝的诏书，双方互赠了礼品。然后，国王亲自带领郑和一行参观了王宫，清真寺和市容。

只见街上到处都是宏大的清真寺，一个个金碧辉煌，掩映在绿树中。街道两旁商店鳞次栉比，商品琳琅满目，市场内人群熙攘，擦肩接踵，行人都穿着具有民族特色的服装，女人都用一块大白布遮住身体，只露出眼睛和鼻子；男人多头缠白布，身披黑色或古铜色的披风。忽鲁谟斯里最著名的特产，就是用各种颜色织成的"撒哈拉毛毯"，它色泽鲜艳，图案美丽，深为外国客人喜爱。

忽鲁谟斯里的食物也颇具有民族特色，有烧羊、烧鸡、烧肉、薄饼等。奇怪的是街上没有一家酒店，原来这里的法律规定禁止饮酒！

忽鲁谟斯里人也非常喜爱中国的物品，一听到中国宝船来到，都奔走相告，并用琥珀、珊瑚、猫睛石、龙眼珍珠等宝石和药材，来交换中国的丝绸、瓷器等。

郑和使团回国时，忽鲁谟斯里国王派使臣己即丁带着国王的亲笔信，载着国王赠给明朝皇帝的礼物一同返航。其中有一个神兽，满身美丽的花纹，长长的脖子，高大的身躯，颇为引人注目。这个神兽名叫麒麟，其实就是今天的长颈鹿。麒麟在忽鲁谟斯里不过是个寻常动物，但在中国却是见所未见。而且自古中国视"麒麟"为瑞兽，赋予它极其神秘的色彩。因此，当郑和船队抵达南京时，整个南京城旋即轰动起来了。永乐皇帝亲自到奉天门主持欢迎仪式，接受所献麒麟、天马、鸵鸟、羚羊、斑马等神兽。有的大臣还奏请满朝文武上表章祝贺。虽然没获得永乐皇帝的批准，但文武大臣们咏赞麒麟的诗却留下了十六册之多，由此可见当时的盛况了。

郑和从忽鲁谟斯里回国途中，还访问了著名的"女人国"——溜山（今马尔代夫群岛）。"溜"字是梵语中的"岛屿"之义。溜山是美丽的海岛国，因为多是女王执政，所以称"女人国"。

溜山国也信奉伊斯兰教，民俗纯朴，做事都遵照伊斯兰教教规而行。居民多从事渔业，有着丰富的航海经验。他们造船不用铁钉，而是用椰子皮制成粗细绳索，在船上钻上孔，用椰索相连，再加以木楔，最后用沥涂缝，非常坚固耐用，一点儿都不漏水。郑和船队到达后，双方互相交流了造船、航海等技术，并在该地购买了龙涎香、乳香、椰子等。

永乐十三年（1415）七月初八，郑和一行回到南京。这次远航航程最远，历时最长，访问的国家最多。第一次越过了印度洋，到达了波斯湾，这历史性的远航标志着郑和下西洋的又一个里程碑！

开辟亚非新航道

　　郑和四次下西洋后，影响越来越大。远至阿拉伯、东非一带的国家纷纷到中国朝贡。成祖朱棣看到这种"万邦来朝"的宏大场面，心里非常高兴，感到自己制定的对外方针非常正确，而且得到实现。因此，对来朝贡的各国赏赐丰厚，对下西洋的官兵也论功行赏，在各方面给予更大的支持。

　　永乐十四年（1416）十二月，成祖再令郑和送十九国使臣回国，于是，郑和又开始了第五次下西洋的远征。

永乐十五年（1417）五月，郑和船队乘着季风，追寻以前的航路，经占城、爪哇、满剌加、苏门答腊、锡兰、柯枝、古里、沙里湾泥（在今北印度），然后到达阿丹国（今亚丁）。

阿丹国位于阿拉伯半岛西南端，红海的口上。同中国也有友好往来，中国宝船一到，国王亲率大臣们到海边迎接，并在王宫中设宴招待郑和一行。郑和宣读了永乐皇帝的国书，赠送了彩币。阿丹国王则回赠给永乐皇帝一顶嵌有各种珍珠宝石的金冠。

阿丹国的都城是一个繁华的商业中心，市场交易十分活跃。郑和船队从当地购买了大块宝石猫眼石，大颗的珍珠、二尺多高的珊瑚树等各种珍宝，香料蔷薇露，还有麒麟、狮子、鸵鸟、白鸠等奇兽珍禽。阿丹国人从郑和船队那里购买了许多中国商品。双方各取所需，买卖公平合理，双方都满载而归。

离开阿丹国，船队继续向南航行，到达了非洲东海岸。这是郑和船队第一次登上非洲东海岸，当时欧亚各国对于东非还不太了解，尤其是赤道非洲以南，还从来没有一艘商船到过，许多地方是热带原始大森林和草原。郑和船队首先到了东非红海沿岸的剌撒（今也门民主共和国境内）。

这里的居民都是非洲人种，男女天生卷发，穿长衫，妇女有兜头等装饰，风土人情和阿拉伯相近。非洲的气候异常炎热，到处凿井，用绞车提水，用羊皮袋盛水。土地贫瘠，收成很低。

剌撒国人同样欢迎中国宝船的到来，访问结束后，船队绕过非洲东北角往南航行。天气越来越热，令人无法忍受。船上兵士多得了热带疾病。一名士兵患了疟疾，病情严重，已经奄奄一息了。为了防止传染，船上的人想把他抛入海中。郑和不忍心，和大家商量，给他带好锅、水、衣、粮等生活用品，把他放在一个荒无人烟的海岛上。那个士兵在岛上昏睡了一天，突然下起大雨，他被大雨所淋，竟然无药而愈。于是他找了一个岩洞住下来。岛上有许多鸟蛋，他取而充饥。十几天后，他的身体就完全康复了。这个士兵就在荒岛上生活下去。他每天都听到一种奇怪的风雨声，晚上声音从海中响起，渐渐向岛中隐去；早晨这声音则从岛中响起，慢慢隐入海里。他感到非常奇怪，决定去看个究竟。

　　这天早晨，他藏在树丛中，待声音响起，他偷偷跟过去观看：只见一条巨蟒慢慢滑动，进入海中。他回到洞中，取来斧刀，把竹子削得如同尖刀一般锋利。晚上，待巨蟒回岛后，他把竹子一个个密插在大蟒往返的路上。第二天早晨，他听见巨蟒入海的声音；到了晚上，却没有听见回来的声音。于是他到巨蟒往返的路上去查看，只见腥血满沟，遍地都是珍珠，最大的直径有一寸！原来，巨蟒爬过竹尖，剖腹入海而死。它平时所吃的蚌胎等在腹中化为珍珠。士兵见状大喜，把珍珠拾到岩洞下，每天到海边呼救。终于有一天，郑和船队再次路过这里，士兵得救了。士兵讲述了他的传奇经历，把岛上的珍珠全部担上船，分给大家，这个士兵归国后也成了富翁。

　　这个神奇的故事只不过是郑和船队远航中的一个小插曲。在郑和数次远航中，神奇而又惊险的故事有许多。

　　郑和船队越往南行，航路越艰险，越复杂。路过的地方也多是原始森林，人烟稀少。

　　这天，他们来到了采几干剔土人的村落，这是一个荒凉的渔村。当地土人用标枪做武器或狩猎的生产工具。他们对外来的生人抱有戒心。郑和见此情况，约束部下，不许单独上岸。入夜以后轮流值班，守卫宝船。

离开这个土人村落，船队继续南行，又到了木骨都来（今索马里首都摩加迪沙），不剌哇（今索马里境内），都受到了热情友好的款待。最后，船队来到了"极地"麻林（今东非肯尼亚）。

由于当时认识的局限，到了麻林，就认为是到了"天边"、"极地"。郑和一行在这里观风问俗，进行外交和贸易活动。郑和还想继续南行，当地人劝阻郑和不可前行，那里森林密布，荒无人烟，危险太大。于是郑和率领船队由麻林横渡印度洋返航，于永乐十七年（1419）七月回到南京。

同船随他来访问的有十六个国家的使臣。他们给明朝皇帝带来了大量礼物，尤其是非洲各国的珍禽异兽：忽鲁谟斯里送的是驼鸡（鸵鸟）；阿丹国进麒麟、长角马哈兽；卜剌哇国进千里骆驼；木骨都束国进花福鹿；爪哇国、古里国进縻里羔兽等等。这些珍禽异兽在它们本国是寻常之物，但在中国却前所未见。因此，当郑和一行抵达南京时，万家空巷，人如潮涌。成祖朱棣再次亲自到奉天门，带领大臣们观看这些动物。见者无不顿足惊骇，以为这是稀世之宝。诸位大臣都欢欣鼓舞，纷纷吟诗作赋，以动物为题，称颂永乐皇帝统治下的太平盛世之繁荣景象。成祖朱棣更是高兴，这种远方诸国争献异兽的盛况，充分体现了中国政治经济实力的强大，也是朱棣"大一统而天下治"政治理想得以实现的最好例证。当然，这更说明了他本人治国治民的雄才大略。

郑和第五次下西洋，打通了中国到红海及非洲东岸的航道，成了首航非洲的第一人。当时，中国人尚不知有非洲这个大陆的存在。郑和远航非洲，开辟了多条航道，使阿拉伯海、红海、东非洲一带的地理情况被明朝人所了解，这对我国地理学、航海史都是一大杰出的贡献，在世界航海史上，也具有重要的意义。

最后的航行

  永乐十九年正月（1421年3月3日），郑和奉命送十六国使臣回国，这就是他第六次下西洋。回来后，为解决旧港问题，又于永乐二十二年正月十六（1424年2月16日）出使旧港。其间，国内发生了翻天覆地的变化，郑和的命运也随之改变了。

  郑和出使旧港未归，成祖朱棣就病死在西征的军营中。他的长子朱高炽于永乐二十二年八月十五日（1424年9月7日）即位，是为明仁宗。对于郑和下西洋一事，朝中原来就意见不一，只是因为成祖朱棣的大力支持，其他大臣不敢多言。成祖一死，被他投入狱中的户部尚书夏原吉获释复职。仁宗听从夏原吉的劝谏，即位当天就下令停止下西洋宝船的活动，命郑和带领下西洋的官兵守备南京，在福建及太仓等处停泊的宝船全部开回南京；各处正在修造的宝船也全部停工了。

永乐十九年（1421）元旦，明朝改北京为京都，原来的京都南京则成为陪都了。

明仁宗朱高炽是个短命皇帝，即位不到一年就死去了。他的长子朱瞻基于宣德元年（1426）即位，是为明宣宗。

宣宗瞻基当上皇帝后，看到由于停止郑和下西洋后，海外诸国同中国的关系逐渐疏远，明朝政府在海外的威望大大下降，海外贸易也几乎中断，东南亚各国间的局势又开始动乱起来，于是决定继承祖父的事业，再次组织下西洋船队。宣宗曾亲眼目睹了祖父在世时"万国咸宾"的盛况，如今自己在位，也想仿效祖父之举，来个"宣德盛世"，以显示自己的雄才伟略。

正巧，宣德五年（1430）正月，户部尚书夏原吉逝世，坚决反对下西洋一派的官员失去了台柱。于是，宣宗于宣德五年（1430）六月九日，下令郑和再次出使西洋，以扭转"诸番国远者久不来朝"的局面。这时的郑和已是年过六十的老人了，但他仍老骥伏枥，志在千里，迅速组织起一支庞大的船队。

为了鼓舞斗志，郑和先整修了天妃庙宇。因为天妃是当时出海人的保护神，有了她，就有了士气，有了凝聚力。因此，郑和在出海之前，对沿途的天妃庙宇一修建一新，并在苏州刘家港天妃宫刻石纪念。

沉默了多年的苏州刘家港又喧闹起来。郑和与正使太监王景弘，率领副使太监李兴、朱良、周满，都指挥朱真、王衡、翻译马欢、郭崇礼、费信、巩珍等原班人马，统率"清和号"、"惠康号"、"长宁号"、"安济号"、"清远号"等大小六十一艘船只，载着27 550人，于宣德五年（1431）十二月九日起航了。

郑和虽已年过花甲，精神却不减当年，他气宇轩昂地站在船头，挥手向祖国的父老告别，开始了他人生最后一次航行！

郑和船队一路南下，所到之处，受到各国热烈欢迎。郑和每到一处，都要先宣读国书，告之国内的变化，进行赏赐，然后开展贸易活动。

由于郑和宝船停航，以前由郑和使国解决的一些海外国家间的矛盾，又重新出现了，满剌加与暹罗就是这样。

永乐年间郑和数访满剌加、暹罗，帮助满剌加摆脱暹罗控制，赢得独立。郑和船队停航后，暹罗又趁机侵略满剌加，满剌加国王不堪欺凌，千方百计派人到中国请求帮助。这次，郑和就负有解决两国争端的使命。

郑和于宣德七年（1432）七月初八到达满剌加，先送满剌加国使臣回国复命，然后前往暹罗宣读明宣宗朱瞻基的敕书。为了调解两国关系，郑和往返于满剌加与暹罗之间，直到两国达到协议，和睦相处，才离开这里。前往苏门答腊、阿鲁、那孤儿、黎代、南渤里等国进行访问。

由于遇上风暴，郑和船队得以目睹"裸人国"情况。这个"裸人国"在翠兰岛（今安达曼列岛）上，地处热带，处在原始部落阶段。土著居民削发无衣，仅用树叶纫结而遮前后。这里还有一个神奇的传说。

相传佛祖释迦牟尼路过这里，在潭中洗澡，不料他的袈裟被偷走了。佛祖大怒，发誓说："此后这里再有穿衣者，必烂皮肉。"从此以后，这里的人就再也不敢穿衣服了。

郑和船队虽久闻此说，但前几次下西洋路过这里，都没有停留。这次被风暴吹至翠兰山下，"裸人国"居民乘独木舟来卖椰子，才证实了"裸人"的传说。这里的居民以捕鱼虾为业，没有米谷，居民以吃香蕉、椰子、鱼虾为生。

离开"裸人国"，乘西北风北驶二十日，到达榜葛剌（与孟加拉）。榜葛剌国王赛勿丁派出人马千余名前来欢迎。金碧辉煌的宫殿两边排列着长长的马队、象队，中国客人先由手执银杖的大臣导引，再由手执金杖的大臣相陪，来到国王面前。宣读了国书后，向榜葛剌国王赠送了礼品，国王也回赠了金盔、金瓶等珍贵礼物。随后，国王举行了隆重的宴会，宾主都沉浸在欢快友好的气氛中。

宣德七年十一月，郑和使团经锡兰抵达古里，正值古里国派人去天方（今麦加），郑和便派马欢等七人随往。

　　天方国是西域著名的伊斯兰教大国，是当年伊斯兰教始祖穆罕默德最先传教的圣地。也是伊斯兰教徒心中的圣地。虔诚的信徒们都渴望一生能有一次朝拜天方的机会，这样就死而无憾了。

　　郑和使团成员大多是伊斯兰教徒，能亲自到天方朝圣，自是兴奋不已。他们怀着虔诚的信仰，参观了宏伟壮丽的大清真寺。

　　这座清真寺是供教徒朝拜瞻仰用的，又叫天堂。天堂礼拜寺呈四方形，整个建筑高大深广，可容纳30万穆斯林做礼拜。天堂寺四周有城墙，都是用五色石砌成，共有466个城门。寺内用沉香木做梁，以黄金为阁，用黄甘玉铺地，以蔷薇露、龙涎香日日涂堂之四壁，整个寺内清香四溢。佛像以玉为座，整个佛像用黄金制成，金光照人。寺内柱子都是白玉制成，共有467个柱子。寺前有两个黑色的守门狮子。在寺庙四周，建有7座高达92米的尖塔，以供礼拜者登高俯瞰天堂礼拜寺全景。此外，还有传授伊斯兰教经典的讲堂，全是用五彩的石块砌成。

　　马欢等参观了天堂礼拜寺后，还摹绘了一张"天堂图"带回中国，献给明朝皇帝。

天方国物产丰富，国民淳朴好客，马欢等受到国王和百姓的热烈欢迎。他们用带去的麝香、瓷器等中国特产，换来各色奇珍异宝及麒麟、狮子、驼鸡等珍禽异兽。

此后，两国人民交往不断。宣德八年（1433）天方国国王派使臣到中国贡麒麟、象、马等，明宣宗朱瞻基亲自到奉天门迎接，并给予天方国使者格外丰厚的赏赐。与天方邻境的默德那国也因郑和使团来访，派遣使者与天方国一道访问了中国。

宣德八年三、四月间，郑和派往各地的分支船只都到满剌加集中。一边整理、装载货物，一边等候顺风返航。

回国途中，王景弘率领部分船只到达赤坎（今台湾安平），在那里采集草药，作了短暂的停留。从此，台湾就有了不少三保太监的传说。现在台湾凤山县有三保姜，据说就是王景弘当年所种的，吃了它可以治百病。

郑和还用当年明代皇帝的年号"永乐"、"宣德"，命名两个岛屿，这就是现在的"永乐群岛"和

"宣德群岛"。

郑和宝船队于宣德八年（1433）七月回到南京，这次出使，所到的地方最多，范围最广，几乎走遍了南海和北印度洋沿岸地区、阿拉伯半岛以及非洲东岸的国家。

这次回来不久，郑和就不幸病逝于南京，终年六十四岁。郑和的人生帷幕落下了，以他为代表的下西洋活动也随之停止了。此后，明朝的政治、经济逐渐衰落，后来的皇帝也曾想再度下西洋，但已无法实现了。

郑和船队的航海技术

郑和船队从1405年开始，到1433年的28年间，七下西洋，遍历南洋、印度洋诸国。其规模之大，航程之远，时间之长，在中国和世界航海史上都是前所未有的。郑和船队虽也经历了狂风恶浪，但伤亡很小。与之相比，1492年哥伦布横渡大西洋的航行，只有三艘帆船，船员仅88人。最大的一艘"圣玛利亚"号，排水量只有250吨。出航不久，就有一艘船沉没了，剩下的两艘也千疮百孔。1497年葡萄牙人达·伽马绕过好望角到达印度的航行，也只有4艘小船。其中，最大的旗舰长

25米，载重为300吨。而麦哲伦于1519年作环绕世界航行时，也只有5艘兵船，265名船员，而三年后回到西班牙时，只剩下一艘船和十几名船员了。

郑和船队能安全地航行在风高浪险的大海中，是与当时先进的造船业和先进的航海技术分不开的。

我国的造船业有着悠久的历史。早在秦汉时期，就可造较大的木帆船了。汉代曾造过一种"豫章大舡"，规模宏大，船上营造宫室，甲板上的楼橹高至二三层，可见其造船技术已非常先进。到了隋唐时期，由于海外贸易的发展，造船技术更是向前迈了一大步。公元九世纪后，来往于中国和印度洋以西的大多是中国船。唐舶是当时世界上最先进的船只，使用大榫和铁钉等连接构件，可以顶住险风恶浪。而当时其他国家还不知用铁件连接。宋元是我国造船史上的兴旺时期，造船技术有了长足的进步，宋代的造船工厂遍布全国。

到了明朝，由于国力强盛，皇帝支持，造船业更是迅速发展起来。凡在海运交通口岸或对外贸易基地，或海防驻军的卫所，都有官府经办的船场。

南京更是造船的重要基地，是南北水陆交通的枢纽。南京龙江造船厂（今南京下关三叉河）是全国最大的船场。长350丈，宽138丈，郑和下西洋的宝船就是在这儿建造的。此外还有太仓的刘家河造船场、淮南清江船场等，每年造船上千艘，造船场分工细致，已经形成了较为完备的体系。

明朝不仅在造船数量上大大增加，其建造船舶的类型增多了，性能也增强了。

造船技术大大提高了。比如建造大船，增加船舶的纵向强度，就需用龙骨和置于船舶两舷的大木鼠。但船体太长，没有那么长的木头，造船的工匠就把几根木头连接起来，而且使它像一根木头一样坚固，其连接水平是非常先进的。再如为了防止在远航途中触礁撞破船体，郑和船队的船却采取"分舱密封"的方法，把船舱分成若干间，严密隔开，这样即使航行中触礁，也仅一处受损，不影响全船。还有，为了解决航行中船体的稳固性，郑和船队还在船上装了披水板、太平篮等减摇装置。为了增加航速，船队采用十二帆和高大桅杆来增加动力，以"云帆高张"来增大速度。

除了船本身的技术问题，郑和船队还巧妙地利用风和帆。郑和船队总是把自己的出航时间选在东北季风吹起的季节，这样船队南下是顺风。返航时，总是选在西南海洋季风到来的夏季，这样也是一路顺风。在航海实践中，郑和船队逐渐认识到，如果使帆转动一下，让它同风成一定的角度，即使不是顺风，也可以靠风力来行船，这样就比逆风行驶快得多。当逆风时，人们便把船头稍微调转一下，使逆风变成前侧风，这样就可以行驶了。航行一段后，再调转船头，如此不断地改变航向，船走"之"字，不仅比逆风行驶航速快，而且在任何风向下都可以行驶了。

除却船只具有良好的性能外，郑和船队的航海技术也达到了相当高的水平。他们把地文航海、天文航海、罗盘指向、测量水深和底质等有机地结合起来，把航海技术推到了一个新的水平。

郑和船队在近海航行时，主要用的是地文航海技术。所谓地文航海，就是以陆地上的高山、高塔等作陆标，来确定船的位置、航向等。如"船平吴淞江"、"茶山在东北边过"等。但单纯靠陆标是不准确的，郑和船队把陆标和航海罗盘结合起来使用，比如航海图上记载"用丹乙针，一更，船平吴淞江"、"丹乙针"指船的航向，即现在的一百零五度。"更"，指航程，"一更"为2.4小时航行的海程。"船平吴淞江"意为"船与吴淞江平行"。这个航海记录意为：船航向一百零五度，航行一更，到达的位置是与吴淞江平行的地方。

除了用陆标、航海罗盘外，郑和船队在航行中，还不时测量水深和底质。每航行一段，就把系有铅锤的绳子放入水中，在铅锤的底部涂以牛油，铅锤到海底后再拉上来，从绳子进入水中的长度，可以知道水深；从铅锤上粘的泥沙，可以判断底质。比如郑和航海图中记录的"用巽巳针，四更，船见大小七山，打水六七托"中的"六七托"，即指水深。"一托"是两臂伸开180°的距离，约合五尺；"七六托"约合三丈到三丈五尺左右。郑和船队的水手们凭着丰富的航海经验，知道了水深的底质，就能准确地判断船的位置，了解海域的情况了。

除了地文航海技术，郑和船队还运用了天文航海技术。在远海或黑夜，看不到陆上任何航标，就只有靠观测日月星辰来辨别方向了，确定船舶在航行中的位置，这就是天文航海。我国人民在航海中很早就会运用天文航海技术，郑和船队在继承前人经验的基础上，由海上对星象的占验，发展到牵星过洋，形成了一套科学、先进的"过洋牵星"航海术。如在郑和航海图上，记录"从华盖星（小熊星座 β、γ）五指出发，用癸丑针，六十五更，船到北辰星（北极星）四指"，这里的"华盖星五指"和"北辰星四指"，是当时船舶度量的这两个天体的高度；"指"是测量天体高度的度量单位。"一指"约合1°9，相当于今图1°54′。郑和船队测量天体高度的工具叫牵星板，共有十二块，方形。最大的一块每边长7寸多，约24厘米，为十指。其次一块边长22厘米，为十一指，依次每块边长递减2厘米，减少一指。最小的一块边长2厘米，为一指。木板的中心穿一根绳子，绳长约72厘米。使用时，选择一块板，使其上缘对齐所度量的天体，下缘与水平线一致。这时所用木板的指数，就是天体高度的指数。此外还有一种象牙板，也是用来测量天体高度的。知道了天体高度，就可以推算出船舶的具体位置（纬度）。

运用天文航海术，同样有局限，如遇阴雨天，看不到星象就不行了。郑和船队把天文、地文航海术和航海罗盘结合起来运用，准确地掌握了从某地出发，途经某地，最后到达某地的某某星座的方位和高度，精确度很高，这样庞大的船队才能在任何海区内安全行驶，畅通无阻。郑和船队运用先进的航海技术，不仅开创了横渡印度洋直航非洲的航路，同时也开辟了横渡孟加拉湾、阿拉伯海等多条复杂的航路。郑和船队每开辟一条新航路，对海洋的流向、流速、潮汐涨退、波浪旋涡、暗礁、航向等准确记录下来，画成《航海图》，共20幅，40面。图上共收地名500个，外域地名300多个，是现存十五世纪内容最丰富的一部航海图，成为航海的重要资料。

当郑和船队在印度洋上劈波斩浪航行时，其他国家的航海家们还只能在沿岸地区航行。当时的阿拉伯人，虽然已有两千多年的航海历史，但在郑和下西洋时，尚不知使用航海罗盘。是郑和为他们带去了先进的航海技术，其后他们才学会运用指南针！在十五世纪初，在辽阔的印度洋上，能够同时运用天文、地文和罗盘航海的，只有中国人！这时各国的商人，都纷纷改乘中国的船只，因为它"涉波狂澜，若履通衢"，既安全又快捷。中国人的航海技术在世界各国是遥遥领先的。正如人们所言：这时的海洋，是中国人的海！

和平之旅

郑和率领庞大的船队，在近三十年的时间里，七下西洋，不仅在中国航海史、世界航海史上具有重要意义，而且对我国贸易史、外交史，也有着不可磨灭的贡献。

郑和不愧为我国历史上一位十分杰出的外交家，他肩负着外交、外贸的双重任务。为了不辱使命，实现大明皇帝"大一统"的理想，郑和到各国以后，首先就是宣读大明皇帝的诏书，表明大明朝对各藩属国的态度。然后便向各国赠送礼物，以此说明愿意与他们建立和发展友好关系。最后便是进行贸易活动。

由于郑和的努力，有近四十个国家同中国建立了外交关系，不断遣使来朝贡。其中有四个国家的国王亲自到中国朝贡，极大地发展了中国同亚非各国的友好关系。

永乐九年（1411）七月二十五日，满剌加国王拜里迷苏剌率其妻子及陪臣540余人到中国朝贡。率领这么庞大的使团是很少见的，说明满剌加王对这次出使非常重视。明成祖朱棣给他的礼遇也很高。没到京以前，成祖就"遣官往劳"，来京朝见的当天，成祖亲自设宴款待，赏赐极丰。以后又多次设宴款待满剌加王及王妃。九月十五日，满剌加王辞归，成祖又在奉天设宴饯行，赐予他金银、绢帛等，双方依依惜别。

自此以后，满剌加国与中国保持着友好往来，贡使不断。

永乐十二年（1414），拜里迷苏剌病死，其子母干撒于的儿沙亲自向明成祖告讣。明成祖遂命他袭满剌加王，并赐予金币。

永乐十七年（1419），新王母干撒于的儿沙又率妻子、陪臣到中国谢恩，受到成祖的热情款待。

永乐二十二年（1424），母干撒于的儿沙去世，其子西里麻哈剌即位，再率妻子、陪臣到中国谢恩。

这样，仅在永乐一朝，祖孙三代国王都亲自到中国访问，这在中外关系史上是绝无仅有的。

永乐十五年（1417）八月，苏禄王——东王巴都葛叭答剌、西王麻哈剌吒葛剌马丁、峒王之妻叭都葛巴剌卜，各率亲属随从共340余人，随同郑和船队到中国访问。明朝政府非常重视苏禄国贵宾的来访，给予了热情友好的接待。

八月八日，明成祖朱棣正式册封东、西、峒三王同为苏禄国王，赐予诰命、袭衣、冠服、印章、鞍马、仪仗等。随从三百余人，也各赐冠带、金织文绮、袭衣等。苏禄三王在北京生活期间，受到最高规模的接待。出入有仪仗侍卫，一切用具皆为宫廷所用贵重生活用品。还经常出席各种盛宴，参加一些有趣的娱乐活动。

访问结束后，明朝政府赏赐给东、西、峒三王金相玉带各一、黄金百两、白金两千两，罗锦文绮两百匹、绢三百匹、钞一万锭、钱三千贯、金绣蟒龙衣、麒麟衣各一袭。赐其随从头目文绮、彩绢、钱钞等等。这种丰厚的赏赐，已不是按一般"臣属关系"所能赐予的。尤其是赐给金绣蟒龙衣之类，这些只有帝王才能穿的"朝服"，更是说明了成祖朱棣对待海外"远人"的友好态度。

九月十三日，苏禄东王叭都葛巴答剌南归途经德州时，不幸因病去世。成祖朱棣闻讣，不胜痛悼，马上遣官往祭，命地方官为其营建坟墓，葬以王礼。并派礼部郎中陈士启前往主祭，赐谥号"恭定"。成祖亲撰祭文，高度评价了苏禄东王为发展中国与苏禄国之间友好关系所作的贡献。

明朝政府不仅为苏禄东王举行了隆重的葬礼，在德州为他营建了巍然壮观的陵墓，还命其次子安都禄、三子温哈喇世代留居德州守茔；又留其妃妾及仆从十人守墓，三年后回国；又命长子都麻含继承王位，率众归国。

苏禄东王不幸病逝在中国，不但没影响中国与苏禄国的友好关系，相反，东王这种献身中非友谊的伟大精神，世代鼓舞着两国人民。苏禄东王墓和东王墓石碑至今立在德州市北门外，已被列为国家重点保护文物。后世人不断到苏禄王墓凭吊，成为中非友谊的历史见证。

永乐年间，还有两个国家的国王到中国朝贡：南浡泥王和古麻剌朗王。

南浡泥（今加里曼丹岛）国王于永乐六年（1408）八月来中国访问。国王麻邪那惹加那一行到福建后，成祖即派中官杜兴前往迎接，一路上，各地方官都奉命款待南浡泥国王一行。到京后，成祖亲自在奉天门设宴，款待国王、王妃。

十月一日，南浡泥王因病死于会同馆。明成祖非常悲伤，为此"辍朝三日"，遣官致祭，赐以缯帛。成祖又特命工部为南浡泥王备棺椁，明器，将南浡泥王安葬于南京安德门外的石子岗，立碑勒铭，谥号"恭顺"。

南浡泥王有一子刚4岁，成祖命其袭王爵，赐予冠服、玉带等物，让他的叔叔尽心辅佐。并找了3户人家为南浡泥王守墓。

永乐十年（1412）九月，南浡泥新王和他的母亲一起到中国，成祖朱棣也亲自设宴款待，并给予丰厚的赏赐。

古麻剌朗（今属菲律宾）国王干剌义亦敦奔于永乐十八年（1420）十月，率妻子、陪臣来朝。明成祖朱棣命礼部以接待满剌加王的规格来接待，赐予印诰、冠带、金织袭衣等，对王妃和陪臣都给予丰厚的赏赐。

永乐十九年（1421）正月，古麻剌朗国王回国，途经福建，国王干剌义亦敦奔不幸病死。

成祖朱棣闻讣后非常悲伤，遣礼部主事杨善前往谕祭，谥号"康靖"。并命地方官治坟墓，以王礼安葬于福州。成祖又命其子剌苾嗣古麻剌朗王位，率众归国。

郑和七下西洋，不仅使众多国家与中国发生外交关系，也使亚非诸国之间和平共处。

在郑和下西洋以前，亚非各国，尤其是南沙群岛一带的众多小国，因为国力相当，宗教信仰不同，彼此之间常起冲突，不时发生纠纷。郑和船队来到以后，告诫各国不可以强欺弱，以大装作小。那些自恃强大，侵掠邻境的国家，慑于郑和船队的威力，不敢再犯，长年横行海上的海盗们也望风而逃。

郑和还在各国传播伊斯兰教、佛教，希望通过信仰一致，达到和平共处的目的。

郑和船队下西洋的几次战斗，都不是郑和船队发起的，而是不得已的防卫之战。到各国的访问更是彬彬有礼。相比之下，后来西方一些殖民者的行径就如同海盗一般。

1502年，葡萄牙人瓦斯科·达·伽马率领二十只船舰，配备大炮和步兵队。他们在第二次前往印度时，沿途烧杀抢劫，无恶不作。在印度洋上，他们遇到了一艘从麦加回非洲的没有武装的船，船上有七百多个摩尔人。达·伽马不仅把船上的货物统统抢光，还下令把摩尔人全部禁闭在船舱里，然后放火把船烧掉了。这支强盗船队在到达印度的科泽科德（古里）时，对当地居民大肆屠杀，掠夺金银财宝。这还不够，临走时，又用大炮将这座繁华的城市摧毁了。与达·伽马船队的野蛮残暴的行为相比，郑和船队是一支真正的和平船队。

郑和下西洋不仅促进了亚非各国之间的和平，也促进了中国和其他各国经济、贸易文化诸方面的发展。

就中国而言，由于郑和下西洋扩大了中国同亚非国家的贸易往来，引起了这些国家对中国手工业品的更大需求，从而促进了中国手工品的迅猛发展。如景德镇瓷器，在洪武年间有官窑二十座，到宣德年间已增至五十八座。不仅数量增加，瓷器的质量也不断提高。明代瓷器中的珍品青花瓷，其所用原料就是郑和船队从西洋带回的。而"创古未有"的祭红瓷器，是以西洋红宝石为末入泑烧制而成的。西洋各国人民非常喜欢中国的瓷器，使中国的瓷器制造业得到迅猛发展。

其次，纺织业也发生了显著的变化。郑和每次下西洋，都要带上大批丝织品，直接促进了丝织品的生产，丝织技术也得到了提高。

此外，郑和船队输往各国的物品还有茶叶、漆器、雨伞、金、银、铁鼎、麝香等等，这些产品的出口，对中国经济产生了强烈刺激，促进了中国经济的发展。

同样，郑和下西洋也为西洋各国的土特产品打开了市场。郑和船队每到一个国家，都要先了解一下那里的物产，然后就有目的地同这些国家进行贸易活动。如：到溜山国买龙涎香和椰子；在祖法儿买乳香、血竭、芦荟、没药、安息香、苏合油、木别子之类；在阿丹买大块猫眼石、珊瑚树；在忽鲁谟斯里买各色宝石、琥珀、玉制器皿；在天方买宝石、麒麟、狮子、驼鸡等；在锡兰买红雅姑、青雅姑、黄雅姑、青米蓝石、昔剌泥、窟没蓝等宝石。

郑和还从西洋带回了大量药材，充实了我国医学宝库，也为百姓解除了痛苦。

现在中国江南一带有一种细小尖长的白米，称"洋暹米"，相传就是郑和引进的。费信在他的《星槎胜览》中记为"米粒尖小，然炊饭甚香"就是此米。

此外，从西洋采购的玉石、檀木、沉香木等，用来建筑房屋，美观实用。南京的静海寺，就是以此为柱建成的。

除了交换日常用品外，在文化和技术上，各国人民也互相交流、学习。郑和在把丝和丝织品带到西洋的同时，也把丝织技术传到了西洋国家。而郑和船队也从西洋学会了采集燕窝，带回了烧制玻璃的工人，还带回了佛教美术画。

郑和下西洋时，中国是世界上文明程度较高、文化高度发达的国家。而西洋各国有的还处在十分落后的原始社会状况。郑和下西洋不仅给他们带去了精美的中国手工业品，同时也输入了高度发展的中国封建文化。这对于落后地区的经济发展和人民物质文化生活水平的提高，都是十分有益的。中国铜钱在爪哇、南渤泥、旧港等地的使用，促进了这些地区商品经济的发展和贸易的繁荣。中国瓷器的输入，使原来以蕉叶盛食的地区，开始使用青花瓷盘作为餐具。泰国的宝塔、满剌加国王房屋及寺庙所用的琉璃瓦，都是郑和船队提供的。郑和船队的到来，还使南洋诸国掌握了航海技术，使当地的造船业、造船技术得到很大发展。

随着郑和船队下西洋的活动，许多中国人开始在南洋定居。在一次远航中，洪宝率领的一只船受到风浪的袭击，四处漂泊，船上的人大部分被当地人所救，从而留在了那里。到西洋各国的华侨，带去了远比当地发达得多的中国文化和先进的生产技术，促进了各国经济和文化的发展。

随郑和下西洋的马欢、费信、巩珍等，把所到各地的风土人情记录下来，分别写成《瀛涯胜览》、《星槎胜览》、《西洋番国志》三部著作，使中国人得以了解世界各国的山川地理，风俗国情。这三本书不仅为当时的人提供了海外诸国的情况，也为后世研究郑和下西洋提供了宝贵的原始资料。

　　此外，郑和下西洋以前，中国人还不知道有非洲大陆的存在。郑和亲自考察了赤道非洲及其东海岸一带，开辟了诸多航线，使阿拉伯海、红海及东非洲一带的地理被探查清楚，这对中国地理学界是一大贡献。郑和七下西洋，积累实践经验所绘制的《航海地图》，更是中国关于海洋地理的第一部世界地图！有着重要价值。

万古流芳

郑和七下西洋，是一次规模空前的伟大壮举。不仅在中国航海史、地理学史上占有重要地位，对中外关系史、贸易史也有着巨大的贡献。中国人民和亚非各国人民都深切缅怀这位伟大的航海家。世界各地都保留着许多郑和航海遗迹和纪念物，流传着许多有关郑和的神奇故事……

在印尼的爪哇岛上，有一个著名的城市——三宝垄，相传郑和最初在此登陆和开港，所以港叫三宝港，城曰三宝垄。在三宝垄附近狮头山上，有个三宝洞，洞中塑有郑和像。洞前建有三宝公庙。三宝庙终日香火不断。华侨中的善男信女，多来朝拜祈祷。相传农历的六月三十日是郑和首次在爪哇登陆的日子，因此，每逢这一天，当地华侨必组织盛大的迎神出巡的庆祝纪念大会，如同中国庙会，抬着郑和神像出游。街上锣鼓喧天，爆竹齐鸣。人山人海，热闹非凡。三宝庙有许多名人所题横匾竖联，到印尼旅游的华人也必到此一游。三宝洞旁还有一王景弘墓，传说王景弘随三宝下西洋，卒葬于此。但这是后人的假托。三宝洞前还有一三宝墩，相传郑和船队停泊在此，曾有一艘船沉没海中，后来逐步变成陆地而成仙境。华侨便修一土墩，作为纪念。

三宝洞左侧有一小亭，亭中供有郑和的遗物——铁锚。右侧摆放着宝船模型。三宝洞旁还有一井，传说郑和到此凿泉取水，供士兵饮用，华侨便称此为三宝井。井水清澈甘甜，当地百姓群集井畔，汲其水以冲凉，可祛病延年。因此到井上汲水者，终日络绎不绝，成为一大奇观。

在泰国曼谷，三宝公庙的香火最盛。庙门上有一副对联："七度下邻邦，有名胜迹传异域；三宝驾度航，万国衣冠邦故都。"反映了当地华侨对郑和的尊敬。

此外，马来西亚吉隆坡有三宝井、三宝城；文莱苏丹有中国碑；柬埔寨也有三宝庙。

在东南亚诸国，还有许多有趣的传说，如在爪哇、马来西亚等地，有禁食节，它的来历都与郑和有关：

郑和到爪哇期间，曾教爪哇人于新年前的一个月中，日不火食，只有晚上可以吃饭，称禁食节。其实禁食节并不始于郑和。

南洋一带，有一种水果叫榴梿，相传郑和到南洋，当地百姓流行疾病，郑和用榴梿果治病，非常灵验。所以起名"榴莲"，即流连，表示华侨对祖国流连忘返之意。

在南洋诸国中，人们还撰写郑和传记来纪念他。有马来文《郑和传》15册，《三保大人传》3册等等，凡是郑和使团访问过的国家和地区，都有他的故事流传。

在中国，郑和下西洋的故事更是家喻户晓，以此为题材的有戏剧、评话《奉天命三保下西洋》、《三宝太监西洋记通俗演义》等等。

有一段时间，郑和曾受到不公正的对待，其下西洋的资料被烧毁，他的贡献也多被埋没。现在，世界各地都掀起郑和热，对他的大规模航海给予高度评价。我国人民为了纪念这位伟大的航海家、杰出的和平使者，已在郑和的家乡云南昆明滇池南岸昆阳镇的新月形山丘上，修建了郑和公园。云南晋宁县昆阳镇郑和故里祖墓、南京郑和墓、南京马府街郑和故居、南京静海寺、郑和下西洋所用铁锚、铁釜、祈保航海平安所铸铜钟等遗迹、遗物，都被保存下来，以供后人瞻仰、凭吊。在福建长乐县也建立了郑和纪念馆，这里有长乐天妃宫、长乐三清宝殿、长乐三宝岩等遗迹。

郑和下西洋是十五世纪人类历史发展中最伟大的事件之一，它对历史有多方面的贡献。尽管郑和下西洋也有其消极的一面，但和它的进步意义相比，毕竟是微不足道的。中国人民永远不会忘记这个大海的儿子，郑和下西洋的伟大壮举，将永垂史册，万古流芳！

附：郑和七下西洋简表

次数	时间	所到主要地点
一	永乐三年（1405）六月—五年九月	占城，爪哇，苏门答腊，南浡泥，古里，旧港，满剌加。
二	永乐五年（1407）九月—七年夏	占城，爪哇，暹罗，满剌加，南浡泥，加异勒，柯枝，甘巴里，阿拨把丹，古里，锡兰。
三	永乐七年（1409）九月—九年六月	占城，爪哇，满剌加，苏门答腊，锡兰，小葛兰，柯枝，古里，南浡泥。
四	永乐十一年（1413）冬—十三年七月	占城，爪哇，旧港，满剌加，彭亭，急兰丹，苏门答腊，阿鲁，喃嘞利，加异勒，柯枝，占里，忽鲁谟斯里，溜山，锡兰。
五	永乐十五年（1417）五月—十七年七月	占城，爪哇，旧港，满剌加，彭亭，苏门答腊，喃嘞利，锡兰，柯枝，沙里湾泥，古里，剌撒，忽鲁谟斯里，阿丹，木骨都束，卜剌哇，麻林，溜山，甘巴里。
六	永乐十九年（1421）—二十年八月	占城，锡兰，忽鲁谟斯里，祖法儿，加异勒，剌撒，阿丹，木骨都束，卜剌哇，甘巴里，古里，柯枝，西洋琐里，暹罗，苏门答腊，溜山，喃嘞利，阿鲁，满剌加
七	宣德五年闰十二月（1431）—八年七月	占城，爪哇，旧港，满剌加，苏门答腊，阿鲁，那姑儿，黎代，喃嘞利，榜葛剌，锡兰，小葛兰，柯枝，甘巴里，加异勒，溜山，古里，天方，忽鲁谟斯里，祖法儿，剌撒，阿丹，木骨都束，卜剌哇，亦坎。

世界五千年科技故事丛书